4차 산업혁명 시대
상위 1%, 골든타임을 잡아라

한치 앞을 예측할 수 없는 미래,
상위 1% 삶을 꿈꾸는 자는 기존의 모든 것을 잊어라!

4차 산업혁명 시대
상위 1%,
골든타임을 잡아라

이경주 지음

한국경제신문*i*

프롤로그 ─────────────

인공지능이 지배하는 4차 산업혁명이 본격화되었다. 누구도 경험하지 못한 새로운 세계가 눈앞에 펼쳐질 것이다. 기대수명 100세 이상, 초고령화 사회에서 완전 자동화로 인간 일자리가 상실되는 시대가 곧 닥쳐온다. 한 치 앞을 예측할 수 없는 미래를 과거 잣대로만 준비하는 실수를 범하지 않아야 한다. 현재 4차 산업혁명 시대를 주도할 대학생 중 대략 5%만이 삼성전자나 한국전력과 같은 대기업이나 공기업과 같은 나름 안정된 직장에 겨우 입사한다.

전체 취업자 가운데 10% 정도가 중견기업으로, 50%는 중소기업에 입사한다. 나머지는 88만 원 세대가 된다는 이야기다. 이러한 현실을 반영하듯, 수많은 언론 매체가 우리나라 미래를 짊어질 청년들의 우울한 상황을 연일 보도하고 있다. 실제 취업난으로 청년들의 현실이 심각한 지경에 이르렀다. 이러다 보니, 한국 사회가 불공정하고 불평등하다고 주장하는 목소리가 커지고 있다.

그러나 자연계에서 절대 공정이나 평등을 찾을 수 없다. 동물의 세계는 약육강식만이 존재한다. 사자나 호랑이를 최강 포식자라고 부른다. 먹이사슬에서 최상위에 위치한다. 그러나 이들도 끊임없이 생존을 위한 경쟁 속에 치열하게 살아남는다. 사슴이나 토끼는 먹잇감으로 하부계층에서 어렵게 살아간다. 약자는 항상 생존 위기 속에 살아갈 수밖에 없다. 힘이 없으면 강한 놈들에게 먹히는 것이 당연한 자연의 법칙이다. 인간 세상도 마찬가지다. 세상 모든 생물체는 죽을 만큼 힘들게 살아간다. 억울한 삶을 살기 싫다면 강자로 살아야 한다.

어느 시대나 삶은 고달프고 미래는 불확실했다. 세상이 아무리 바뀌어도 권력과 부를 가진 소수와 못 가진 대다수가 공존했다. 지배자와 피지배자를 구분했다. 과거 왕조시대에는 양반과 상놈으로 넘을 수 없는 분명한 신분 격차가 존재했다. 아무리 노력해도 신분 상승이 불가능했다는 말이다. 소수 지배자가 권력을 차지했고 다수의 보통 사람들은 그저 공정과 평등을 주창했다.

시대가 아무리 바뀐다 해도 상위 1%는 존재한다. 대한민국 대통령은 1명이다. 국회의원은 300명으로, 인구 17만 명 가운데 1명꼴로 0.0006%에 불과하다. 그나마 대기업 임원은 대졸 입사자 중 1% 정도가 된다고 하니, 정치인들보다는 훨씬 낫다.

상위 1%로 사는 사람들이 누리는 권력 또는 재력을 모두 부모로부터 물려받았을까? 아니다. 대부분은 어려운 환경에서 태어나서 자라났지만, 온갖 노력을 통해 1% 안으로 들어간 것이다. 어려운 환경을 탓하지 않고, 자신을 극복한 사람들만이 1% 꿈을 이룰 수 있다.

상위 1% 삶이란 무엇일까? 대개는 성적 기준, 재산 기준, 권력 기준 등을 생각할 수 있겠지만, 전 직종의 상위 1%를 의미한다. 상위 1%가 극소수의 사람들만이 누리는 것으로 생각하겠지만, 실제로 상위 1%는 매우 많다.

전 세계 인구 75억 명 중 축구선수는 약 2.5억 명이나 된다. 이 중 유럽 5대 축구 리그에 뛰는 선수는 2,546명이다. 전체에서 0.001%밖에 안 된다. 대한민국 축구협회에 등록된 축구선수 수는 118,565명으로 상위 1%는 거의 1,200명이나 된다. 2019년 K리그선수 수는 457명, K2리그는 380명으로 이미 이들은 상위 1%다. 하지만 K1, 2리그 중 상위 1%는 불과 10명이 안 된다.

한국 축구 국가대표는 국내에서 가장 축구를 잘하는 선수들로 당연히 상위 1% 이내에 들어가는 선수들이다. 2018년 K리그 연봉 1위는 전북 김신욱 선수로, 16억 원이다. 10위는 울산 주니오로, 8.6억 원이다. 2019년 11월 기준 전 세계 축구선수들 시장가치 100위는 리버풀의 나비 케이타로 5,000만 유로, 한국의 손흥민 선수는 33위로 8,000만 유로, 세계 1위는 98년생 골잡이 킬리안 음바페로, 2억 유로의 몸값으로 세계 최고다.

전 세계 축구 애호가의 우상인 동시에 사회적인 물의를 일으키면서 문제가 된 크리스티아누 호날두는 어떤가? 남자 월드 팀 11명 주전으로 전 세계 90개국 패널들 60% 득표율을 차지한 만큼 천부적인 축구 재능을 갖고 1985년도 포르투갈에서 태어났다.

호날두는 축구 월드 스타 중 대표적인 인생 역전의 모델이라고 말할 수 있다. 아버지는 알코올 중독자, 형은 마약 중독자이고, 청소부 일을 하는 어머니가 가족을 먹여 살리는 지독히도 가난한 집안에서 자랐다. 축구가 너무 하고 싶었던 호날두는 어머니를 설득해 축구팀에 들어갔으나, 가난하다는 이유로 경기 중에는 패스 한 번 받지 못하고 연습이 끝난 후 홀로 연습을 했었다.

호날두는 정상인보다 2배나 빠르게 심장이 뛰는 질병을 갖고 있어서 축구를 할 수 없다는 것을 알게 되었다. 다행히도 아버지와 형이 정신 차려 취업을 해서 수술비를 대준 결과, 수술에 성공했다. 그 이후로도 여전히 동료들에게 패스를 받지 못했지만, 축구를 하는 것만으로도 행복했다고 한다. 각고의 노력 끝에 그라운드에 데뷔해서 심장이 터지도록 죽을 각오로 뛰고 또 뛰었다고 한다.

맨체스터 유나이티드 퍼거슨 감독이 이런 호날두를 천거하면서 고생 끝, 행복이 시작되었다. 호날두는 어려운 시절을 잊지 않고 한 해 기부 금액이 우리나라 전체가 기부한 것보다 많고, 소말리아에 300억 원 기부와 자신 팬의 수술비를 전액 지원하고, 아동 질병 퇴치와 아동 구호 운동가로 활동을 하고 있다. 비록 호날두처럼 불우한 환경에서 태어나고 자라났지만, 각고의 노력으로 이겨낸 사례는 무수히 많다.

〈생활의 달인〉이라는 TV 방송을 보면 사람들이 길게 줄을 서 있는 유명한 맛집들을 소개한다. 손님들 입맛에 맞는 음식을 만들기 위해 기상천외한 요리법과 혼신의 노력을 다하는 감동적인 모습이 방송된다. 비록 남이 알아주지 않더라도 묵묵히 자신이 택한 일에 한평생을 바쳐 이룬 장인들이야말로 상위 1% 안에 드는 삶이 될 것이다. 이런 사람들이야말로 최고의 삶을 살았다고 평가될 것이다.

　헬조선, 청년들의 75%가 대한민국을 떠나고 싶다고 불만을 토로한다. 절망적이고 미래가 불투명한 삶 때문에 고통스럽다고 수많은 청년이 호소한다.

　이 책은 대한민국 청년에게 미래희망과 꿈을 가졌으면 하는 바람으로 썼다. 상위 1%로 성공하는 삶은 누구나 이룰 수 있는 목표이기 때문이다. 전체를 4개 영역으로 나누어서 삶의 사연을 채우고 메시지를 전달했다. 청년 시절에 갖춰야 할 능력과 직장생활에서 임원이 되기 위한 처세와 비법을 피부에 와닿도록 쉽게 풀어냈다. 120세 초고령화 시대에 대비한 돈 버는 방법과 은퇴 후의 삶에 대한 의견도 제시했다.

　필자는 60년간 격동의 시대를 살아왔다. 지독히 가난했고 불우했던 어린 시절과 학창 시절을 거쳤다. 온갖 노력과 경험을 통해 회사 생활에서 인생 역전을 가져왔다. 이 책에 필자의 인생 비결을 고스란히 담았다. 은퇴 후 삶과 포부까지 솔직하게 밝혔다.

'꿈은 이루어지는 것이 아니고 이루는 것'임을 명심하자. 88만 원 세대, 7포 세대와 같은 부정적인 단어 따위는 내던지자. 또한, 워라밸이나 편백족과 같은 현실 회피적인 사회 분위기도 깡그리 무시하자. 헬조선이라는 암담한 현실이 아닌 파라다이스 조선과 같은 희망적이고 긍정적인 미래를 만들어보자.

정보 대중화 확산 덕택에 현재 삶은 그 어느 시대보다 공평한 구조 안에 놓여 있다. 누구나 자신이 몸담은 곳에서 상위 1%가 가능한 시대가 도래했다는 메시지다. 다시 한번 각오를 다져본다. '성공하는 사람들이 밟고 올라서는 디딤돌로만 살아갈 것인가?'를 결정할 중요 시점이다. 남 탓하지 말고 자신이 정해라. 20~30년이란 시간은 절대 짧지 않다. 무엇이든 성취 가능한 충분한 시간임을 명심하자.

이경주(kyungjulee2020@gmail.com)

목 차

CONTENTS

3장. 임원 되는 꿈, 이루자!

4장. 인생 1막을 이겨내고 성공 인생 3막을 디자인한다

Industry 4.0

CHAPTER

I

상위 1% 삶,

청년 시절 판가름난다

Industry 4.0

4차 산업혁명 시대 상위 1%, 골든타임을 잡아라

1

헬조선,
모든 역경을 이겨내고
생존한다

헬조선, 7포 세대, 88만 원 세대 등 부정적인 이야기가 당연한 것처럼 우리 사회 전반을 뒤덮고 있다. 대한민국 미래를 짊어지고 가야 할 우리 청년들이 부정적인 사회 분위기에 막연하게 동조하거나 매몰되면 안 된다. 이런 부정적인 말에 자기 삶을 당연하다는 듯이 포기하고 살아간다면 영원히 사회 밑바닥에서 헤매다가 생을 마감하게 될 것이다. 그렇다고 하면 너무 삶이 억울하지 않을까? 부정적인 것들을 과감히 털어버리고 모든 역경을 이겨내서 강하게 생존해 삶을 주도적으로 개척해나가자.

새끼 기린은 태어나면서부터 시련을 겪는다. 엄마 기린은 선 채로 새끼를 낳는다. 기린은 키가 워낙 커서 새끼가 태어나는 순간, 높은 곳에서 바로 땅으로 내동댕이쳐진다. 갓 태어난 새끼 기린이 어느 정도 정신 차리는 순간, 어미가 자기 새끼를 걷어차는 이해되지 않는 행동을 반복한다. 발로 차인 새끼 기린이 가까스로 일어서면 어미가 다시 발로 차 버린다. 새끼가 나동그라진 아픔을 이기면서 다시 정신 차리는 순간, 또 어미가 더욱 힘을 주어 다시 걷어찬다.

새끼는 비명을 지르고 고꾸라지면서 이런 상황을 이해하지 못한 채 머리를 흔든다. 그러면서 곰곰이 생각한다. 이러다간 계속 걷어차여 죽을 수 있다는 생각에 다다른다. 힘을 다해 일어서는 순간에 어미가 또 걷어찬다. 새끼 기린이 가늘고 긴 다리로 겨우 일어나서 또 차일 것을 생각해서 마침내 벌떡 일어나 도망가기 시작한다. 이때부터 어미는 새끼한테 달려가서 새끼를 어루만지며 핥아주기 시작한다.

어미 기린은 새끼가 달릴 수 없으면 사자나 하이에나들에게 잡아먹힐 수 있으므로, 새끼가 태어나자마자 일어서서 달릴 수 있도록 모질게 차버리는 것이다. 엄마 기린 이야기에 비유하면, 인생이 우리를 인정사정없이 걷어차면 억울하고 야속하겠지만, 살기 위해서는 일어나서 달려야 한다. 만약 인생이 우리를 다시 걷어차면 또 일어나 달려야만 한다. 동물들도 생존하기 위해 죽을힘을 다해 일어나서 뛰는데, 만물의 영장인 인간이 나약하게 환경에 짓눌려 산다는 것은 말이 안 된다.

4차 산업혁명 시대, 인간 일자리가 사라진다

4차 산업혁명은 국가와 기업체뿐만 아니라, 개인들 간에도 최대 화두다. 4차 산업혁명을 한마디로 정의하면 '인간과 기계(인공지능)가 공존과 경쟁하는 시대'다. 5세대 이동통신(IMT-2020) 기반 아래, 모든 기계나 사물들이 무선 사물인터넷을 통해 인공지능과 결합하고 지능화되어 새로운 산업 환경을 형성하게 되는 것이다.

4차 산업혁명은 5세대 이동통신이 상용화되고, 새로운 밀레니엄이 시작되는 2020년부터 본격화될 것이다. 1차, 2차, 3차 산업혁명까지는 모든 산업이 인간 중심으로 이뤄졌다. 그러나 4차 산업혁명은 인간 중심에서 지능화된 사물이 융합되고 복합되어 새로운 비즈니스를 전개한다. 4차 산업혁명은 인간이 한 번도 경험하지 못한 새로운 비즈니스 세계가 열리기에 기대와 두려움이 한꺼번에 다가온다.

3차 산업혁명은 2차 산업혁명의 오프라인과 인터넷을 기반으로 한 온라인이 결합해 '물결(wave)'이라 불렀다. 4차 산업혁명은 전 산업 분야에 빅뱅이 일어나기 때문에 '쓰나미'라고 명명(命名)하듯이 대변혁을 예고하고 있다.

지금까지 인간과 인간의 비즈니스 세계였지만, 앞으로 인간이 지능화된 기계, 사물, 로봇, 인공지능들과 더불어 살아가고 경쟁하는 새로운 비즈니스 세계가 펼쳐진다. 사회 전체가 자동화되고 자율화되면서 현재의 일자리 대다수가 사라질 수 있다는 전망을 하는 것이다.

혹자는 2050년경 미래 어느 시기에는 인공지능이 인간지능을 넘어서다고 주장한다. 마침내 인공지능이 만든 것들을 인간이 이해 못 하는 기술 특이점(Singularity) 시대가 온다는 말이다. SF영화에서나 보듯 기계가 인간을 정복할 수 있다는 두려움이 생겨, 지금부터 인공지능 개발을 제재해야 한다는 의견도 제기하고 있다.

모든 것이 자동화되는 4차 산업혁명 주역으로 살아가야 할 우리 청년들이 과거 2차 산업혁명 시절에 태어난 50·60세대 부모들 밑에서 교육을 받으며 살고 있다. 그야말로 혼란스러울 수밖에 없다.

테슬라 모터스 대표인 엘런 머스크는 미래에는 20%의 인간만이 직업다운 직업을 갖는다고 말했다. 영국 옥스퍼드 대학 연구팀은 2033년까지 현재 직업 중 47%가 사라질 것이라 예측했다. 한국 고용 정보원의 예측도 전문 직종인 의사 70%, 교수 59%, 변호사 48%가 인공지능으로 대체될 것이라고 분석했다. 이러한 직업이 천천히 사라지는 것이 아니고 갑자기 사라진다고 예측했다. 마치 버스 안내양이 자동문과 하차 벨이 장착되면서 순식간에 없어지고, 엘리베이터 도우미가 사라진 것처럼 예측할 수 없다는 의미다.

인공지능이 사회 전 분야에서 인간들 일자리를 대체하면, 인간 대부분은 온라인에 접속해 가상현실 게임이나 하면서 살 것이다. 앞으로 10~20년 사이, 엄청난 사회변화를 피할 수 없다. 하지만 우리 부모 세대는 자식을 아직 입시 위주의 사교육에 의존한다. 미래를 살아가야 하는 자녀들을 과거의 잣대로 가르치고 있는 것이 얼마나 위험한지를 인식해야 한다.

2016년에 《4차 산업혁명 앞으로 5년》이라는 책을 저술했다. 이 경험을 바탕으로 우리 젊은 세대들이 어떻게 살아야 할지 방향을 제시하고자 한다.

요즘 청년들은 기성세대와는 달리 물건에 대해 꼭 자기 소유를 고집하지 않는 것 같다. 부모 세대인 베이비붐 세대들은 어릴 때 워낙 가난해서 물건에 대한 소유욕이 강했다. 요즘 청년 세대는 잠깐 이용할 요량이면 굳이 소유하지 않고 공유해 사용하는 것에 그다지 저항감이 없다. 그만큼 물질적으로 풍요해졌고 사회적 변화에 적응했기 때문이다.

사실 2차 산업혁명 시절, 콘도와 택시와 같은 사업 형태가 지금 공유경제의 대표적 사업 모델이다. 진일보한 형태가 차를 함께 공유하는 우버(Uber), 살던 집이나 별장 등을 공유하는 에어비앤비(Airbnb)와 같은 사업 형태일 것이다. 머지않아 자율주행 차나 무인차가 일상화된다면 개별로 자동차마저 소유할 필요가 없을 것이다.

현재 택시비는 인건비가 약 70%를 차지한다. 만약 운전기사가 없는 차량이라면 택시비가 엄청 저렴할 것이다. 지금 공유 차량으로 내가 원할 때 저렴한 비용으로 원하는 장소까지 갈 수 있다면 차량을 구매할 필요가 있을까? 굳이 목돈을 들여 구매하고, 비싼 세금과 보험료와 같이 고액의 운영비가 들어가는 자동차 구매를 포기할 것이 분명하다.

세계 자동차 시장 수요는 급감할 것이며, 기존의 많은 자동차 회사들도 차례로 사라질 것이다. 차량이 급격히 줄어들기 때문에 주차할 공간도 많이 남아 쾌적한 환경을 누릴 수 있다. 이러한 전망 때문에 우버 택시에 이어 구글, 그리고 현대차도 공유 차량 서비스 사업을 준비하고 있다.

2차 산업혁명 때 생긴 많은 산업이 급속히 재편될 것이다. 4차 산업혁명은 마치 쓰나미가 육지를 싹 쓸어 엎듯이 기존 산업을 휩쓸어가고 말 것이다. 급변하는 4차 산업혁명 환경소용돌이 속에서 우리 청년들이 어떻게 생존하고, 성공적으로 삶을 영위할지를 심각히 고민해봐야 할 시점이다.

취업난으로 청년 스트레스가 심각하다

건강보험 심사평가원의 질병통계에 따르면, 의료기관에서 진료받은 20대 우울증 환자가 2012년 5만 2,793명보다 2018년에 9만 8,434명으로 87%로 크게 늘었다.

20대 공황장애 환자 역시 8,024명에서 2만 1,204명으로 164%나 증가했다고 밝혔다. 사회 첫발을 딛는 20대 우울증 환자가 6년 사이에 약 2배 정도 증가한 것으로, 10대(39%), 30대(25%), 40대(13%), 50대(2%)를 넘어섰다. 20대 청년들이 얼마나 어려운 삶을 살고 있는지를 대변했다.

이러한 지표의 원인은 20대 청년들에게 취업 스트레스가 가장 크다는 말이다. 또한, 정신과 진료를 받는 것에 대한 거부감이 기성세대보다 적다 보니 통계치가 급격히 올랐다고 그 이유를 밝혔다.

대학을 졸업했는데 취업 못 하면, 사회에 나가기도 전에 자신이 실패한 인생이라는 좌절감에 빠질 수 있다. 사회 첫발을 내딛는 한참 감수성이 예민한 시기에 엄청난 스트레스를 받을 수밖에 없다.

취업포털 인크루트는 2019년 하반기 대졸 신입사원을 2018년 4만 7,580명보다 5.8% 줄어든 4만 4,821명을 뽑을 예정이라고 한다. 중소기업은 전년 대비 48.6%가 감소할 것이라고 밝혔다. 2018년 15세에서 24세 기준 한국 청년 고용률은 26.2%로 OECD 35개국 중 겨우 30위에 위치한다고 OECD와 통계청에서 밝혔다.

청년 실업률도 2017년에서 2018년을 비교해보면, 미국 9.2% → 8.6%, 독일 6.8% → 6.2%, 일본 4.7% → 3.7%로 줄어들고 있는데, 한국은 10.3% → 10.5%로 오히려 늘고 있다. 체감 실업률은 이보다 높은 20%를 넘었다. 청년 10명 중 2명은 취업하지 못하는 형편이라는 의미다.

취업이 어렵다고 평가하는 대학생들이 90%가 넘는 데 반해, 중소기업에라도 취직하겠다는 대학생은 40%에 불과하다. 한국을 대표하는 SKY 대학 졸업생들도 취업은 별 따기로 경영학과 등 문과 출신들은 50-3-1 법칙이라는 말이 돌아다닌다. 서류 50번 신청하며 최종면접 3번 올라가야 한 군데 취업할 수 있다는 이야기다. 평균적으로 취업 경쟁률이 100대 1을 넘으면 취업하기가 하늘의 별 따기보다 어렵다고 할 수 있다.

'빽' 없는 설움이 사회적 분노로 솟구친다

2019년 9월 조국 전 법무부 장관 청문회를 보면서 우리 사회 지도층들 의식 구조가 생각 이상으로 큰 문제라는 것을 인지하게 되었다.

정치적 이슈를 언급할 생각은 없다. 하지만 스스로가 금수저에 강남 좌파라고 하는 최고위층에 있는 리더가 자식 성공을 위해 자기 지위와 인적 네트워크를 총동원해 좋은 대학을 보내려고 수단과 방법을 가리지 않는 행동에 혀를 차고 말았다. 전 국민이 보는 방송에서 '손바닥으로 하늘을 가리려는' 한국 최고 리더들이 우리 사회에 만연되어 있다는 것은 국민의 한 사람으로서 서글픈 생각까지 들었다.

우리 세대가 대학에 들어갈 때는 예비고사와 대학별로 정해진 입시 전형에 맞추어 본고사를 치르고, 점수에 따라 입학이 결정되었다. 선별 기준 잣대가 누구에게나 명확하고 간단했다. 그러나 요즘 대학 입시는 미국에서 가져온 입시요강으로 단순 성적 기준이 아니라 사회 기여도, 다양한 재능을 갖춘 학생들이 시험 성적이라는 기준 외에 명문 대학에 들어가는 별도의 문이 만들어져 문제가 생긴 것이다.

소위 스펙 쌓기로 강남 입시 전문가들이 만들어놓은 입시 전략에 따라 스펙을 만들어가는 것인데, 이런 것은 부자들과 권력을 가진 자들을 위한 입시 제도처럼 보인다. 결국, 권력 없고, 인맥 없고 가난한 사람들에겐 좋은 대학 입학이 '그림의 떡'인 것이다.

미국은 세계 최강의 자본주의 국가로서 부유하고, 상류층들이 가는 대학 루트가 정해져 있고, 사회적으로도 용납이 되고 있지만, 한국에서는 있을 수 없는 불공정한 규칙이다. 한때는 영어를 잘하면 대학에 들어갈 수 있는 문이 있어서, 공부를 못하는 자녀를 둔 부자와 상류층에서는 자식들을 어릴 때부터 미국 등 영어권에 조기 유학을 보내, 자연스럽게 한국 대학에 입학시키는 루트가 존재했었다. 이제는 현지 언어를 잘하는 학생 수가 많다 보니 다양한 스펙 쌓기가 주력이 된 것이다.

배고픈 세대와 배 아픈 세대, 극복하라

우리나라 5060 베이비붐 세대들은 1950~1960년대에 배불리 먹는 것이 가장 큰 소원이었다. 생존을 위해 초근목피라고 보리가 수확되기 전, 봄을 견디기가 가장 어려운 춘곤기라 해서 나물을 뜯어 먹으며 겨우 버티며 살았다. 하물며 나무껍질까지도 벗겨 먹으면서 근근이 살아왔다.

1970년대 공업화 바람으로 먹는 것이 그나마 해결되었다. 1980년대 비약적인 경제발전으로 마이하우스, 마이카, 가전제품 등 풍요로운 시대를 지내다가 1990년대 IMF 때 국가 시스템이 강제로 재정비되었다. 여러 과정이 압축되어 현재 선진국 문턱까지 겨우 달려온 것이다.

산업 발전 격변기에 부모들은 생존을 위해 죽도록 일했다. 특히 우리 아버지들은 내 한 몸 부서지게 일해서라도 자식들에게 가난을 대물림하지 않으려고 했으며, 자식들을 최소한 대학까지 보내는 것이 삶의 목표가 되었다.

현재, 젊은 사람들이 취업을 못 하면 국가에서 실업수당 주고 최소한의 삶을 유지하도록 지원한다. 배고픈 사람은 없는 것 같다. 오히려 금수저, 흙수저와 같이 신분 계층 차이에 배 아픈 세대가 된 것이다. 요즘 SNS 발달로 욜로족(YOLO ; You Only Live Once)이 급격히 확산하고 있다는데, 한 달 월급을 명품 옷 사는 데 모두 쓴다든지, 호캉스라고 해서 주말이면 호텔에서 먹고 자는 것으로 얻는 순간적인 행복이 중요하다는 풍조가 확산되고 있다.

미래가 불투명하다 보니 현재 생활에 만족감을 위해 일단 쓰고 보자는 심리도 팽배한다. 뭔가를 자랑할 수 있는 SNS가 있다 보니 이런 유행이 급격히 확산하는 것이다. 서울 집값이 천정부지로 올라가다 보니, 돈을 모아봤자 집 장만할 엄두는 나지 않는다. 그래서 일단 쓰고 보자는 심리도 있는 것 같다. 일부는 부유한 부모를 믿고 자신이 버는 돈은 일단 쓰고 본다는 심리다. 부모 유산으로 집을 물려받으면 노후는 해결된다는 막연한 기대 심리도 깔려 있다.

사람마다 모두 생각이 다르고, 생활환경도 달라서 뭐라 할 순 없다. 하지만 자신의 노후는 스스로 준비해야 하지 않을까? 언제까지 부모에 의존하는 캥거루족으로 살 것인가? 삶을 편하게 사는 게 중요한 것이 아니고 노력을 통해 자신이 이뤄놓은 삶이 가치 있는 게 아닐까?

불우한 환경에서 태어난 사람들은 세상에 다 똑같은 조건으로 태어날 수 없다는 점을 운명으로 받아들여야 한다. 누구도 자신이 처한 환경에서 구해주는 사람은 없다. 부디 태어난 환경에 매몰되지 말자. 불우한 환경을 대물림할 것인지, 아니면 어려운 환경을 극복할지는 본인이 정해야 한다.

청년 일자리가 넘쳐나는 일본을 조명한다

우리나라 15세 이상 29세 미만 청년 실업률은 7년 전인 2012년 10월 6.8% 이후 2019년 10월 기준 7.2%의 30만 9,000명으로 계속 높아지는 추세다. 대통령이 직접 챙기는 주요 핵심 국정과제다. 이렇게 국가 차원에서 청년들 일자리 창출을 주요 정책과제로 대응하고 있으나 해결이 쉽지 않다.

반면 일본은 우리와 완전 반대 상황이다. 대졸자를 포함해서 청년취업률이 97%로 대학 졸업생은 97.6%, 고등전문학교 졸업생은 100% 취업으로 기업들이 청년들을 모셔가기 열풍이 불고 있다. 일본 문부과학성은 대학 졸업자 56만 7,456명 중 76.1%인 43만 2,088명이 취업했다고 발표했는데 2010년 60.8%까지 바닥을 친 후, 계속 올라가고 있다.

우리보다 10년 이상 앞선 일본은 왜 이런 현상이 나타날까? 일본도 잃어버린 20년 동안 경제 침체기가 지속했다. 아베 총리가 정권을 잡으면서 아베노믹스 경제 활성화 정책 영향으로 경제가 조금씩 살아나고 있다. 그러나 실상은 청년 일자리가 넘치는 상황이 아니다. 일본 인구의 초고령화가 만들어놓은 현상을 자세히 살펴야 한다.

일본은 65세 이상 고령자 비율이 26%로, 2060년이면 40%를 넘는 등 일할 청년들 비중이 계속 낮아지고 있다는 점을 주목해야 한다. 이러한 현상 때문에 우리나라도 2022년이 되면 일본처럼 청년들 일자리가 늘어나리라 전망을 하고 있지만, 과연 그럴지 생각해볼 문제다.

한국과 일본과 가장 다른 점은 대학 진학률 차이라고 생각한다. 일본 대학 진학률은 48% 수준인 데 반해, 우리나라는 70%가 넘는다. 가장 많았을 때는 85%까지 되었다. 1970년대 말 우리가 대학교 다닐 때만 해도 대학교 진학률은 약 35% 정도였다. 당시 경제 고도성장기로서 국가 경제 연간 성장률이 10%가 넘었다. 고급인력인 대학 졸업자가 절대적으로 부족하다 보니 기업체에서는 우수한 성적의 대학생들에게는 장학금을 주고 서로 모셔가기 바빴다. 지금 보면 꿈같은 이야기로 들린다.

현재 취업 못 하는 계층은 대부분 대졸 출신이다. 공장 및 사무 자동화 여파로 대졸 일자리는 한정되어 있는데, 대졸 인력들은 쏟아져 나오고 있다. 이러다 보니 지방 우수 학생들이 서울에 있는 학교로만 몰리게 되었다. 지방 대학들은 점차 경쟁력을 상실하고, 지역 균형 발전에도 심각한 악영향을 끼치고 있다. 이제는 무조건 대학만 나오면 된다는 생각을 버려야 한다. 청년 자신이 잘할 수 있는 분야에 전문성을 갖추는 일이 우선적이고 시급한 일이다.

2

—

어떤 삶을 살지
결정하면
인생이 달라진다

우리가 왜 살고, 어떻게 살아야 하는지 곰곰이 생각해봐야 한다. 대부분의 사람은 돈이 많은 사람, 지위가 높은 사람, 유명한 사람을 꿈꾼다. 실제 인생의 성적표는 죽을 때나 죽은 후에 사람들의 평가라고 생각한다. 우리가 인생을 살아가는 과정은 매우 다양하고 수많은 길을 선택해서 살아간다. 변하지 않는 진리는 바로 피할 수 없는 것이 죽음이라는 사실이다.

사람은 태어나 보니 환경이 좋을 수도 있고, 나쁠 수도 있다. 또한, 건강한 몸으로 오래 살 수도 있고 아파서 병으로 일찍 죽을 수도 있다. 모두 다른 환경과 각자 다른 재능을 갖고 태어나기 때문에 사실 어떤 삶을 살아야 할 것인지는 자기 스스로가 정해야 한다.

살아가면서 수많은 사람을 만나고 헤어지며 인연을 맺는다. 만나는 사람마다 의식적이든 무의식적이든 평가를 한다. 착한 사람, 나쁜 사람,

만나고 싶은 사람, 피하고 싶은 사람, 천사 같은 사람, 믿을 수 있는 사람, 믿을 수 없는 사람, 저마다 다르게 평가한다. 당신은 어떤 사람으로 평가되기를 원하는가? 저 사람은 돈은 많은데 피도 눈물도 없다. 혹은 저 사람은 자신도 살기 어려운데 어려운 사람들을 많이 도와주는 천사와 같은 사람이다. 여러 평가 가운데 당연히 좋은 사람으로 평가되길 원할 것이다.

어떠한 삶을 살 것인가를 고민해보고 방향을 결정해야 한다. 고민 없는 삶은 결국 자기가 원치 않는 삶의 방향으로 이끌리기 쉽다. 단지 눈앞의 작은 이익만을 추구하고, 욕심을 내다 보면 부정적인 부산물들이 쌓여 마무리는 좋지 않은 결과를 가져온다.

어느 미국 대학교수가 강의 도중에 100불짜리 돈을 들어 보였다. "혹시 이 돈을 갖고 싶은 학생은 손들어보시오"라고 큰소리로 외쳤다. 학생 대부분이 손을 번쩍 들었다. 그러자 교수는 돈을 막 구겨서 다시 학생들에게 질문을 던졌다. 혹시 이렇게 구겨진 돈을 갖고 싶은 학생이 있으면 다시 손들어보라고 요구했다. 역시 학생 대부분이 손을 들었다. 그러자 이번에는 돈을 바닥에다 놓고 구둣발로 마구 짓이겨 밟고 나서, 그 돈을 다시 들고 학생들에게 물었다. 그래도 이 돈을 갖고 싶은 학생은 손들어보라고 소리쳤다. 대부분 학생이 손을 계속 들고 있었다.

그러자 교수는 학생들에게 말했다. "이 돈이 아무리 구겨지고, 더럽혀지더라도 100불 가치는 변함이 없습니다. 그래서 여러분들이 갖고자 했을 것입니다. 여러분의 삶도 마찬가지입니다. 만약 여러분이 가치 있는 삶을 산다면, 부자든, 가난하든, 그리고 외모와도 전혀 관계없습니다. 모든 사람이 당신의 가치를 알아줄 것입니다. 결국, 모든 평가는 당신 자신이 만들어가는 것입니다."

요즘 한국 사회는 고도의 압축 성장으로 돈만 많으면 된다는 배금주의가 팽배하다. 가진 자는 더 가지려고 욕심을 부린다. 내 가족, 내 자식만 잘되면 된다는 생각이 사회갈등을 일으키고 있다. 사실 본인이 죽으면 아무것도 아닌데 왜 죽어서까지 가족을 챙기는지 모르겠다. 돈 많고 사회적 지위가 높은 사람들이 성공한 삶인지, 아니면 사람들에게 이로움을 줄 수 있고, 가치 있는 삶을 살아가는 것이 성공적인 삶인지를 생각해보고 미래를 설계했으면 한다.

당신의 꿈을 과소평가하는 사람들을 멀리하라. 소인배들은 항상 그런 태도를 보인다. 하지만 진실로 위대한 사람들은 당신도 위대해질 수 있다고 느끼게 해준다.

– 마크 트웨인

인생 목표를 우선 결정한다

목표가 있는 사람과 목표가 없는 사람의 삶은 결과에서 큰 차이가 보인다. 목표만 세우고 그 목표를 잊어버린다든지 노력하지 않는다면 아무 소용이 없다. 자신이 세운 목표를 항상 생각하고 노력하면서 살아 간다면 꿈을 이룰 확률이 매우 높다.

페이스북의 대표인 마크 저커버그가 2017년 하버드대학교 졸업식에서 연설했던 주제는 '목표(purpose)'였다. 자동화로 수천만 개 일자리가 사라질 미래에는 기업가 정신이 더욱 요구된다고 강조하면서 "우리는 밀레니얼 세대입니다. 목표를 찾는 것만으로는 충분치 않습니다. 우리 세대의 도전은, 모든 사람이 목표 의식을 갖는 세상을 창조해야 한다는 것입니다"라고 했다.

중국 알리바바에 투자해 거액의 투자금을 회수하고, 2012년 미국 이동통신 사업자, 스프린트(sprint)를 인수해 연 매출 약 70조 원에 달하는 세계 3대 이동통신 사업자가 된 일본의 소프트뱅크 손정의 회장은 19살 때 인생 50년 계획을 수립했다고 한다. 20대에 이름을 알리고, 30대엔 1,000억 엔의 자금을 만들어, 40대에 승부를 건다. 50대 자신의 꿈을 이루고 60대에 사업을 물려주겠다는 계획을 수립했고, 지금 자신이 세운 계획을 이루고 있다.

필자는 어릴 때 구체적인 목표와 꿈이 전혀 없었다. 누가 가르쳐주는 사람도 없었다. 하루하루 사는 게 힘겹다 보니 미래 희망을 꿈꿀 수조차 없었다. 단지 공부를 좀 열심히 해서 대학가고, 취업해서 먹고사는 걱정 없이 안락한 생활 정도가 꿈이었던 것 같았다. 이 또한 단순히 희망적인 사항이었고, 구체적으로 꼭 이루겠다는 생각이나 목표를 잡아본 기억도 없었다.

왜 이런 꿈과 목표를 구체적으로 세우지 못했을까? 돌이켜보면 목표 설정의 중요성을 몰랐기 때문이었다. 그러나 회사에 들어가서 신입사원 입사 교육을 받는 과정에 인생 목표를 설정해보라는 어느 강사 권유로 3가지 목표를 정했다. '임원이 되겠다' '삼성그룹 비서실에서 근무해 보겠다' '삼성전자에서 30년간을 다니겠다' 나름대로 목표를 세우고 결의를 다졌다.

손정의 회장처럼 나이별로 구체적이진 않았지만, 일단 목표를 정했다. 결과는 2가지는 이루었고, 마지막 목표 30년은 채우지 못하고 퇴사했다. 하지만 2012년 27년간 근무하고 스스로 사표를 내고 나왔기 때문에 30년 목표를 지키지 못했다고는 말할 수 없을 것이다.

삼성에서 임원이 되어서 신입사원이나 후배들에게 최소 5년 단위로 목표를 세워보라고 강조했었다. 30세는 결혼을 하고 '35세, 40세까지는 재산은 얼마?' '자녀는 몇 명?' '집을 살 것인지?' '직급은 어디까지 될 것인지', 그리고 매년 계획과 실제가 얼마나 차이가 나는지 점검해보고 목표를 다시 잡아보라고 했다. 여러분들도 인생 살아가는 목표를 정하고, 반드시 이루도록 지속적인 노력을 하라고 제안한다.

명확한 목적이 있는 사람은 가장 험난한 길에서조차 앞으로 나아가고, 아무런 목적이 없는 사람은 순탄한 길에서조차 앞으로 나아가지 못한다.

– 토머스 카알라일

실행계획(Action Plan)이 꿈을 현실로 바꾼다

목표를 세웠으면 실행해야 한다. 사업가가 될 것인지, 취업할 것인지, 스포츠 선수가 될 것인지, 예술을 할 것인지, 자신이 가장 잘할 수 있고 밤을 새워서라도 몰두할 수 있는 재미와 보람을 느낄 수 있는 일을 찾으면 최고일 것이다.

자식들의 적성이나 꿈도 모르면서 그저 공부나 잘해서 의사나 판사가 되길 원하는 부모들이 상당히 많다. 사업하는 부모들은 자식이 가업을 이어받아 잘 키워주기를 원하는 부모들도 있을 것이다. 앞에서도 말했지만, 과거의 성공 잣대는 더는 미래 성공을 보장하지 못한다. 현명한 부모란, 자식들이 가장 잘할 수 있고, 하고 싶어 하는 것을 지원해주고 도와줘야 자식들이 행복한 삶을 살 수 있는 확률이 높다는 것을 아는 부모들이다. 가능하다면 자신의 적성과 특기를 전문가의 도움을 받아 파악해보고 발굴하는 것도 좋을 것이다.

요즘 해외에서 석사, 박사까지 공부했어도 귀국해서는 자신 전공을 버리고 하고 싶은 일을 하는 청년들이 늘어나는 추세다. 필자가 아는 지인 자제도 잘 다니던 외국회사를 그만두고 10평 남짓 작은 식당을 하고 있다. 박사까지 마친 전문인이 왜 식당을 하느냐고 물어보았더니, 자신이 만든 요리를 먹으면서 행복해하는 손님들을 보면 즐겁고 행복하단다. 돈은 잘 버냐고 물어보면, 식당이 잘되면 돈은 저절로 들어올 것이고, 맛있다고 소문이 나면 가맹점을 만들어서 큰 사업으로도 키울 수 있다는 꿈을 가지고 있어서 후회하지 않는다고 했다.

사람은 자기 확신이 부족한 경우가 많다. "저 사람은 귀가 얇아서 남 말에 많이 흔들려" 이런 평가를 받으면 결코 안 된다. 남의 말에 흔들리지 말아야 한다. 자기 인생은 모두 자기가 결정해야 한다.

흔히 주식 투자에서 호재성 뉴스가 있다는 말을 들으면 무턱대고 주식을 사는 사람이 있다. 사놓고 마냥 기다린다. 그러나 말대로 되는 경우는 거의 없다. 만약에 그렇게 급등할 주식이 있다면 자신만 알고 주식을 매집하고 기다리지, 다른 사람에게 떠벌리는 사람들이 과연 있을까?

실패와 성공의 결과는 오직 자기 책임이다. 실패하면 어디 가서 하소연할 수도 없다. 오히려 바보 소리만 듣는다. 자신감은 노력의 결실이다. 세상에는 공짜가 없는 법이다. 자기 소신과 주관이 없는 사람들이 성공하는 것을 보지 못했다. 그렇다고 아집과 고집을 피우라는 것이 아니다. 자기 자신도 믿지 못하는 사람이라면 어떤 사람이 나를 믿어주겠는가? "꿈은 이루어진다"가 아니고 "꿈은 이루는 것이다".

탁월한 인물이 가진 특성 가운데 하나는 결코 다른 사람과 자신을 비교하지 않는다는 점이다. 그들은 자신을 자기 자신, 즉 자신이 과거에 이룬 성취와 미래의 가능성만 비교한다.

– 브라이언 트레이시

지속적인 노력만이 성공을 부른다

살아가면서 성공한 사람들의 이야기를 많이 듣는다. 대개 성공한 사람들은 타고난 재능보다 남다른 노력으로 이룬 것이 대부분이다. 그러나 성공한 사람들에게 성공비결이 뭐냐고 물어보면 대부분 운이 좋아서 그렇다고 대답하는데, 맞는 말이다. 운이 좋아서 자신 꿈을 이룬 것이지만, 사실은 그 대답 속에는 엄청난 노력이 숨어 있다. 노력 없는 성공은 절대 없다. 그러나 노력했다고 해서 모두 성공을 보장할 수는 없기에, 그저 운이 좋아서 꿈을 이룰 수 있었다고 말하는 것이다.

어느 정도 노력해야 자신이 세운 꿈을 이룰까? 답은 꿈을 이룰 때까지 노력하는 것이다. 중도에 포기한 노력은 노력이 아니다. 보통 사람들은 이렇게 생각한다. 나름대로 노력을 많이 했는데 왜 성공하지 못하냐고 물어본다. 최선을 다했다고 자신 있게 이야기하려면 극한 상황까지 노력해야 한다.

"혹시 일주일간 잠 안 자고 공부해본 경험이 있느냐?"

2년 전, 모 교수 추천으로 대학생 2명이 좋은 말을 듣고자 멘토링을 요청해왔다. 갑작스러운 내 질문에 황당했는지 그런 사람이 있냐고 반문했다. 두 학생은 아주 공부도 잘하고 커다란 꿈도 가지고 있었고 살아가는 데 자신감도 있어 보였다. 이틀 정도 밤샘 공부해본 경험을 한 학생이 대답했다.

인터넷을 뒤져서 사진 몇 장을 보여줬다. 천리행군을 마친 해병대 군인들 발을 찍은 사진들이었다. 천리행군을 해본 사람들은 알겠지만, 완전 군장을 하고 산속을 하루에 40km씩, 즉 100리를 10일간 걸어가는 훈련이다. 이 훈련을 받는 군인들은 특별히 선발된 군인들이 아니다. 해병대 군인이라면 누구나 참가해야 하는 훈련이다. 천리행군을 일반 사람들에게 하라고 하면 대부분의 사람들이 중도에 포기할 것이다. 그러나 군인들은 거의 낙오자 없이 훈련을 마친다. 훈련 중 잠이 부족해서 졸면서 걸어가고, 발에 물집이 몇 번씩 생기는데, 바늘로 따면서 최악의 상황을 견디면서 수행하는 훈련이다. 어떻게 보면 공부보다 훨씬 몸에 심한 고통을 주는 훈련인데 대부분 낙오자 없이 훈련을 마친다. 뚜렷한 목표와 달성해야 한다는 정신력이 있어서 가능한 일이다. 아마 이 정도는 해야 노력했다고 할 수 있을 것이다.

외국에서 보면 한국에 있는 명문 대학은 그냥 한국에 있는 대학일 뿐이다. 우리처럼 SKY대학이라 구분해서 아는 외국 사람들이 거의 없다는 점을 지적했다. 아무리 자신이 최고인 것 같지만 세상에는 고수, 성공한 사람들이 부지기수로 많다는 점을 항상 생각하라고 했다. 멘토 상담 이후 6개월 정도 지나 담당 교수에게 연락이 왔는데 도대체 무슨 말을 했었는지, 학생들이 완전히 달라졌다고 고맙다는 인사가 있었다.

한 번은 지인과 골프 라운딩을 함께 나갔다. 동반자가 버디를 8개 기록했다. 프로도 아닌 아마추어가 8개 버디를 하는 일은 결코 쉬운 일이 아니다. 진정한 실력자라는 의미다. 최고 기록은 버디 9개 경험을 했고, 버디 8개가 3번째라고 하니 얼마나 많은 연습을 했을까? 그래서 어뜨게 골프를 잘 치고 퍼팅을 잘하냐고 물었다. 퍼팅 감각이 퍼터 헤드에서 느껴져야 가능하다는 말에 할 말을 잊었다. 이 정도 연습해야 노력했다고 말할 수 있지 않을까?

인간이 가지고 있는 잠재능력은 사실상 무궁무진하다. 잠재된 능력을 끄집어내는 핵심은 각고의 노력이다. 인간의 극한치를 넘는 노력과 최선을 다해본 경험이 있는 사람들만이 노력해봤다고 자신 있게 말할 수 있을 것이다. 아직 성공하지 못했다면 노력이 부족한 것이라고 말하면 잘못된 것일까?

남 탓 말고 오로지 자기 탓일 뿐이다

가난하게 살고 싶은 사람은 한 명도 없을 것이다. 가난한 이유가 무엇인가. 부모를 잘못 만나서? 환경이 어려워서? 막연히 세상 탓으로 돌리면 가난은 영원히 탈출하기 어려운 굴레로 변한다. 왜냐하면, 가난하다고 해서 남이 도와주거나 남이 나를 부자로 만들어주는 경우는 절대 없기 때문이다. 가난을 극복할 수 있는 사람은 자신밖에 없음을 속히 깨달아야 한다.

가난을 벗어나지 못하는 이유를 곰곰이 따져본다. 아마 남보다 잘하는 게 없다는 사실을 깨달을 것이다. 인간은 태어난 후 어떤 지식을 머리에 입력하는지에 따라 인생이 바뀐다. 영화 〈타잔〉을 보면 사람이 고릴라 세계에 살게 되면 사람이 아니라 고릴라가 되는 것이다. 즉 '뇌'라는 빈 깡통에 돌을 채우면 가치 없는 '돌' 통이 되는 것이고, 보석을 넣으면 '보석' 통이 되는 것이다. '자신의 뇌에 무엇을 채우느냐?'에 달려 있다. 거기에 맞춰 결국 인생이 달라진다.

과거에는 고도성장기로 돈 벌 기회가 상대적으로 많았다. 지금은 경쟁도 치열하고 사업자금도 대규모로 들어가서 성공하기 훨씬 어렵다고 이야기한다. 그러나 어느 시대든 돈 벌기는 항상 어려웠고, 시대가 아무리 바뀌어도 성공하는 사람들은 계속 등장했다. 즉, 상위 1%는 항상 존재한다. 기술이 발전하고 서비스가 고도화되더라도 주변에는 어려운 환경과 난관을 이겨내서 가난을 벗어난 사람들은 무수히 많다.

요즘은 온라인과 유튜브 발달로 어린아이까지 돈을 벌 수 있는 시대가 다가왔다. 우리나라를 넘어서 세계 시장에서 사업 아이템만 좋다면 승부를 걸 수 있다. 물건을 팔든지, 서비스를 팔든지 차별화된 아이디로 사람의 이목을 끌 수 있다면 하루아침에 대박이 가능한 시대다.

요즘은 돈이 없어도 배우고자 하는 열정만 있다면 거의 모든 것을 공짜로 배울 수 있는 시대다. 절대로 남 탓 말자. 자신이 처한 현실을 인정하고, 자신이 어떻게 살아야 할지 고민하고 노력해서 실력을 갖추는 노력이 우선이다. 자신이 하고자 하는 분야에서 남과 차별화된 전문가로 우뚝 서야 한다.

"편백족의 나라" 〈매일경제〉 2019년 12월에 올라온 칼럼 제목이 눈에 확 들어왔다. 올해 새롭게 등장한 용어인 '편백족'은 소비의 양극화를 축약한 단어다. 일부 밀레니얼 세대가 편의점에서 끼니를 삼각 김밥으로 때우면서도 돈이 모이면 백화점에서 명품을 사는 소비 트렌드라고 편백족을 설명했다.

백화점이 전체적으로는 불황임에도 불구하고, 이런 편백족 출현으로 명품 매출이 20~30대 중심으로 폭발적인 성장을 하고 있어 편백족 마케팅에 집중한다. 가끔 백화점 명품관에 가보면 젊은 사람들이 길게 줄을 서 있는 모습을 심심치 않게 볼 수 있다. 진짜 고가의 명품을 구매하기 위해서 줄을 1시간씩 서 있는 것인지, 아니면 단지 윈도쇼핑을 하는 것인지 모르겠지만, 진풍경이다.

돈을 모으는 재미도 있지만, 명품관에서 비싼 물건을 구매하는 재미도 쏠쏠한 건 사실이다. 나는 대학 시절에 유명 브랜드 티셔츠를 무척 입고 싶었다. 하지만 사 입을 돈이 없어서 짝퉁을 입은 기억이 난다. 어려웠던 시절의 기억으로 입가에 씁쓸한 미소가 머문다. 그래서 지금 젊은 세대를 충분히 이해할 수 있다. 아마 이성 친구라도 사귀려면 부자인 것처럼 보이고 싶은 심리도 깔려 있을 것이다. 당장 SNS에 올려 내보이고 싶은 젊은 마음이 움직였을 것이다.

젊을 때는 모든 경험이 필요하다. 하지만 나이가 들어서 생활고에 계속 시달린다면 인생 전체가 피곤해진다. 인생에서 한방이 없다는 사실을 새겨야 한다. 효율적인 투자를 결정하고 긴 호흡으로 돈을 모아야 당당하게 살 수 있다. 젊을수록 노력과 준비가 절실하다.

인생 3막까지 설계한다

현재 4차 산업혁명 초고령화 시대에 주역으로 살 사람이 청년 세대다. 기대수명 120~150세까지도 살 수 있다. 수명 연장이 축복인지, 재앙이 될지는 어떻게 준비하고 대응하느냐에 달려 있다.

지금 60~70세 나이만 돼도, "아이고 90살 넘으면 죽어야지"라고 웃으며 말한다. 막상 90살이 되면 100살을 넘기고 싶은 것이 사람 욕심이다. 현재 우리나라 기대수명은 82세다. 인생 2막을 준비하라는 말은 흔한 이야기다. 요즘 젊은 사람들은 기대수명이 최소 120세를 산다는 생각으로 목표를 정해야 한다. 나아가 인생 목표를 구체적으로 세워야 한다. 지금처럼 인생 2막이 아니고, 최소 인생 3막까지 설계해야 한다. 만약 자신이 90살, 아니 100살 인생을 예측하고 계획을 세웠다 치자. 실제 100살 이상 인생을 산다면, 그 후 대책이 없어져 막막해질 것이다.

인생 1막은 태어나서 60세까지로 가늠한다. 학교에 다니고, 직업을 갖고, 결혼해서 가정을 이룬다. 성장부터 사회적 지위와 부를 이룰 수 있는 인생 전반의 기반을 형성하는 인생 황금기로 본다. 그러나 인생 1막 동안에 가족과 기업, 더 나가서는 국가를 위해 일하는 시기로 자신의 존재를 잊고 살아가는 시기일 것이다.

인생 2막은 60세에서 80~90세까지 약 20~30년간이 될 것이다. 인생 2막은 인생 1막을 어떻게 살아왔는지에 따라 많은 차이가 있을 것이다. 인생 1막을 잘 살아온 사람들은 인생 2막이 행복할 것이다. 인생

1막을 잘못 살아온 사람들은 인생 2막이 고통스러울 것이 당연하다. 사람마다 인생 2막을 준비하는 방법이 모두 다를 것이다. 하지만 인생 2막은 인생 1막과 다르게 생산적인 것보다는 현상 유지 또는 인생 1막 때 하지 못한 자기 일을 해보는 게 좋겠다. 자기가 하고 싶은 일은 사람마다 달라서 각자 스스로가 길을 정하자.

인생 3막은 사람이 아직 경험하지 못한 새로운 길이다. 인생 3막은 약 100세가 넘는 삶을 말한다. 인생 3막은 사실 인생을 정리해야 하는 기간이다. 지금과 다르게 수명 연장으로 활동을 계속할 수 있다. 따라서 자기가 가진 지식과 경험, 그리고 돈까지 베푸는 시기가 되기를 권한다. 그러면 인생을 후회 없이 마감하는 시간이 될 것이다. 아마 인생 3막은 가족이든 간병인이든지 남의 도움도 필요할 것이다. 여러 가지 상황을 고려해서 늘어난 기대 수명에 맞춰 인생 3막을 설계해보기 바란다.

3

청년 시절,
상위 1% 꿈을 이룰 기회
놓치지 말자

인생의 황금기는 누가 뭐라고 해도 청년 시절일 것이다. 청년 시절을 어떻게 보내느냐에 따라 삶의 질이 바뀐다. 우리 사회 청년들이 88만 원 세대, 비정규직 노동자, 아르바이트 등 아무리 노력해도 월급은 오르지 않는 현실에 허덕인다. 집값은 천정부지로 올라서 내 집을 갖는다는 꿈을 꾸기조차 힘들다. 암울한 사회 분위기가 청년 세대를 짓누르고 있다. 남 탓만 하며 이런 사회 분위기에 휩싸이면 자칫 청년 시기가 헛되이 흘려보내게 된다. 자기 인생에 전혀 도움조차 줄 수 없게 된다.

서울 집값은 뛴다고 해도 고양시 일산이나 지방 일부 지역은 부동산 가격이 서울에 비하면 훨씬 저렴한 추세를 볼 수 있다. 각종 정보를 적절하게 수집하고, 마음만 달리 먹는다면 집 장만이 가능하다. 즉, 자기 상황을 고려하지 않고 무조건 대기업, 공무원, 서울 진입만을 목표로 삼는 일부 청년들의 태도가 문제라는 말이다. 시야를 넓게 돌아보면 일터가 폭넓게 보인다. 단지 편한 일만 찾고 있는 건 아닐까? 요즘은 어느 분야든지 전문가만 되면 부와 명예는 뒤따라온다는 말에 필자는 전적으로 동감한다.

한 분야에서 전문가 소리를 들으려면 최소 20~30년은 최선의 노력을 해야 얻을 수 있다. 하나의 일을 숙련할 수 있는 데 걸리는 시간을 '일만 시간의 법칙'이라고 말하는 이유를 간과하고 있는 것 아닌가? 단순히 몇 년 노력하다가 안 되면 그냥 포기하는 모습들을 곰곰이 생각해본다.

미국에는 집수리 직업을 가진 사람을 플럼버(Plumber)라고 부른다. 글자 그대로 배수관이나 수도 교체 등 각종 수리 작업을 맡는다. 이들 수입이 의사와 같은 전문직보다 낫다고 하니 정말 의외다. 요즘 대학을 나온 인재들이 중소기업에 가지 않으려고 한다. 혹여 근무한다고 해도 실업급여를 수령 가능할 정도만 다닌다. 결국, 돈 떨어지면 다시 회사로 들어가는 것을 반복하는 청년들도 있다. 이런 행동이 자기 인생을 값싸게 축내고 있는 건 아닌지 생각해볼 문제다.

자신만의 재능을 찾아야 한다

무언가를 남들보다 잘한다면 그 분야에 재능이 있다는 의미다. 재능하면 일반적으로 예체능 분야에 뛰어난 소질이 있다는 의미로만 생각하기 쉽다. 그러나 곰곰이 생각해보면 누구나 하나쯤은 남보다 잘하는 특기가 있다. 예를 들면, 눈썰미가 좋아 작은 흠도 골라낼 수 있는 능력이 있다고 치자. 명품과 짝퉁을 최종 골라내는 안목을 가진 전문 감별사로 활약할 수 있을 것이다. 입맛이 남다르게 민감하다면 커피나 와인을 감별할 수 있는 뛰어난 소믈리에가 될 수 있다는 말이다.

사람은 타고난 재능이 서로 다르다. 절대 음감을 가진 사람도 존재한다. 일반 사람보다 색깔을 100배 1,000배 이상 자세히 구분하는 사람도 있다. 공부에 재능이 있는 사람, 운동에 재능이 있는 사람, 요리에 재능 있는 사람 모두 다양하다. 하지만 요즘 학부모나 학생 대부분이 공부가 인생의 전부라고 잘못 인식하고 있다. 무조건 과외공부를 시키고 학원에 가서 밤샘 공부하는 것을 보면 참 안타깝다.

불과 몇 년 전까지도 요리하는 주방장이 그다지 유명하거나 가치 있는 직업으로 인식되지 않았다. 하지만 최근 먹방, 즉 먹는 방송이 뜨면서 유명 요리사(Chef)가 미디어에 많이 노출되었다. 그 영향으로 요리사 직업에 관한 생각이 많이 바뀌었다. 미용실에서 머리를 손질하는 사람들도 당당히 헤어 디자이너로 직업에 대한 인식이 달라졌다. 직업을 가진 당사자들도 자부심을 느끼고 열심히 본인 일에 전념하고 있다.

비록 재벌은 아니지만 식당이나 미용실을 체인화시켜 부를 축적하는 사람들이 많이 나오고 있다. 이렇게 시대는 변화되고, 이에 발맞추어 직업이나 사람들 인식도 바뀌었다. 이제라도 자기 장점이 무엇인지, 무엇을 좋아하고 잘할 수 있는지 알아야 한다. 자신만의 재능을 발굴해 차별화시키는 것이 미래 생존에 꼭 필요하다.

축구를 잘하는 사람, 축구선수는 축구에 모든 것을 건다. 다만 축구선수로만 먹고살기가 쉽지 않다. 부와 명예를 얻을 수 있는 프로선수나 국가대표급 선수는 소수만 가능하다. 나머지 축구선수 대부분은 먹고살기가 만만치 않은 것이 현실이다.

과연 축구를 좋아하고 축구를 잘한다고 모두 축구선수가 될 필요가 있을까? 축구에 관련된 비즈니스로 시야를 넓혀보자. 사업 분야가 방대하고 다양해서 꼭 축구선수에 집착할 필요가 없을 것이다. 축구와 연관된 산업 분야까지 시야를 넓혀 생각하고 열심히 준비한다면 생존은 물론, 성공 가능성까지 커질 것이다. 축구 관련 용품 사업도 가능하다. 프로선수 에이전트, 온라인 축구게임, 축구를 통한 건강관리 사업, 축구테마 여행 사업 등 축구 관련 생태계 전반적으로 시야를 넓히기만 해도 충분하다. 이렇게 하려면 축구만 열심히 해서는 부족하다. 지식과 경험을 폭넓게 쌓아야 한다. 한마디로 축구 전반에 관해서 속속들이 파악해야 진정한 전문가가 될 수 있다. 축구를 좋아하는 사람들이 축구 관련 사업하는 것과 축구를 좋아하지는 않은데 사업하는 사람, 누가 성공 확률이 높을까? 물어볼 필요 없이 당연한 대답이 나온다.

한발 더 나아가, 회사 운영에 관한 모든 지식과 비즈니스 경험도 갖추면 어떨까? 경기 규칙뿐만 아니라, 축구 역사, 축구 시합도 직접 관전하면서 선수뿐만 아니고 코치, 감독까지 분석하고, 경기 운영 전략과 경기 결과에 대해 분석할 수 있어야 진정한 전문가라고 할 수 있지 않을까? 이러한 공부가 진정한 공부가 아닐까?

과거 우리나라 운동선수들은 운동을 잘하는 것에만 훈련을 집중하는 잘못된 교육을 받았다. 이로 인해 대부분 선수들이 짧은 현역 생활로 마치고 만다. 그 후로 먹고살기가 아주 막막해지는 것이다. 유소년시절부터 인생의 모든 것을 걸고 운동만 했었는데, 운동을 그만두고, 다른 길로 가야 하니 인생이 고달퍼지는 것이다. 앞으로는 학벌 사회가 아니고 전문가 시대다. 전문성은 물론이고, 관련 지식과 경험을 구체적으로 쌓아야 한다. 그래야 전문가로서 인생 방향을 잡을 수 있다.

좋아하는 것을 하면 앞서갈 수 있다

대기업이나 공무원만이 살길이 아니다. 9급 공무원 300명을 뽑는 시험에 무려 9만 명이 응시했다. 결국, 9만 명 중 성적이 우수한 사람 1~300등까지만 공무원이 가능하다는 말이다. 나머지 8만 9,700명은 불합격이다. 상황이 이런데도 공무원 시험을 보겠다고 도서관에서 공부하는 사람들을 어떻게 생각해야 하는가? 한참 머리가 잘 돌고 건강한 시기에 도서관에 있으니 국가적 · 사회적 · 개인적으로도 엄청난 손실이다.

이런 현상이 무슨 이유로 생기는가. 젊은이들이 공부 외에는 해본 일이 없기 때문인가? 아니면 도전정신이 없어서 그런 것인가? 아니면 부모가 힘들여 대학까지 보냈는데 취업 못 하고 장사나 한다면 부모들이 실망할까 두려워서인가? 아마 다들 처지가 달라서 한마디로 이야기할 수 없는 부분이라고 생각한다. 하지만 부모가 내 인생을 대신 살아줄 수 없다는 단순한 의미만 새기자. 내 인생은 내가 사는 것이다. 자기 인생을 부모에게 의존한다든지, 체면 때문에 타인들 시선을 의식해서 하고 싶은 일을 하지 못한다면, 이미 실패한 인생이 아닐까?

공무원이나 대기업만 고집하지 말아야 한다. 장사나 사업도 마찬가지다. 중소기업이든 벤처기업이든 자신의 전문성을 키울 수 있는 곳에 일단 취업을 해서 자기만의 전문성을 키워야 한다. 대기업은 안정되어 보인다. 하지만 4차 산업혁명 시대는 고용 창출이 안 되고, 오히려 인력 축소가 불가피하다. 따라서 경쟁이 더욱 치열해진다. 더 나아가서는 조직 내에서 생존을 위한 스트레스가 심해진다. 당연히 삶의 질 또한 떨어지기 마련이다. 그러다가 경쟁에서 도태되면 결국 중간에 나와야 한다.

한국경영자총협회 신입사원 채용실태 조사에 의하면, 대졸 신입사원 중 무려 27.7%가 1년 안에 퇴사한다고 밝혔다. 어렵다는 대기업에 취업했는데 많은 신입사원들이 무슨 이유로 금방 퇴사할까? 본인 적성에 맞지 않는다는 이유도 있겠지만, 실제 대기업에 들어가면 학교 다닐 때 생각한 것과는 아주 딴판일 경우가 많다. 기업들의 꽃이라는 임원이 되려면 사원, 주임, 대리, 과장, 차장, 부장의 끝없는 사다리를 약 20년 이상을 올라가야 한다. 다음은 자기가 정열적으로 하고 싶은 일을 하기 어렵다는 이유다. 거대한 조직 속에서 나라는 존재는 한낱 부속품 일부라고 생각이 들 수 밖에 없다. 즉, 일하면서 성취감을 느끼기 어려운 구조이기 때문에 퇴사하는 경우가 대부분이다.

취업준비생은 본인이 학교 졸업 때를 맞춰 원하는 회사에 취업하기를 희망한다. 이 시즌을 놓치면 취업이 어렵다고 포기하는 예도 빈번하다. 일부는 대학원으로 방향을 맞추고 다시 공부를 시작한다. 아니면 눈높이를 조금 낮춰서 취업하는 방법을 찾는 청년도 다수 존재한다. 매년 수많은 대학 졸업생이 쏟아져 나온다. 유수의 기업들이 재수, 삼수를 거듭하는 취준생들을 과연 뽑을까? 현실은 불 보듯 뻔하다. 상황을 직시하고 보다 현실적인 선택이 필요하다.

눈높이를 낮춰서 자신이 잘할 수 있는 일을 벤처나 중소기업체에 들어가서 실무를 익히는 편이 훨씬 현명한 판단일 것이다. 중소기업에서는 회사 전반에 걸쳐 다양한 영역을 경험할 수 있다. 나중에 독립하기 쉽다는 말이다. 노력하기에 따라 자기 전공 분야뿐만 아니라 회사 운영 전체에 대해 배울 수 있는 것이 장점이다. 최근에는 대기업에서 신입사원보다는 중견기업에 다니는 전문성이 있고 훈련된 경력직을 뽑는 경향이 증가하고 있다는 점도 주의 깊게 봐야 한다.

현재 청년들은 부모 세대와 완전히 다른 세상을 살고 있다. 인터넷과 모바일을 통해 사람들과 소통하고 물건도 사고파는 소위 모바일 인터넷 세대다. 최신 뉴스도 TV나 신문과 같은 대중매체를 이용하지 않는다. 인터넷이나 유튜브 등을 이용하면 충분하다. 청년들과 부모들과는 완전히 다른 세계에 살아가고 있어서 부모들 충고가 잔소리로만 들린다. 부모들 역시 자녀들이 적응하는 환경을 모르니 우선 대화가 어렵다. 이해조차 못 하니 자식과 갈등이 생길 수밖에 없다.

모든 것을 부모 잘못이라고 말할 수 없다. 부모 입장은 과거의 잣대를 들이댈 수밖에 없다. 그래서 공부 열심히 하라는 요구가 전부였다. 대기업에 다니고 공무원이 되면 안정적인 삶이 펼쳐진다고 말했다. 진정한 문제의식은 청년들 스스로가 과거 부모들이 하던 방식대로 대기업 취업과 노후가 편해 보이는 공무원이 되고자 도서관에서 시험 준비와 스펙 쌓기에 젊은 청춘을 보내고 있다는 사실이다. 자기 인생을 부모들이 책임져줄 수 없는데도 막연히 부모에게 의존한다든지, 어떻게 되겠지 하는 생각을 하고 있다면 분명 잘못된 것이다.

우리 청년들에게 펼쳐질 4차 산업혁명은 인류 역사상 한 번도 경험하지 못한 새로운 신세계가 전개된다. 지금보다 모든 분야가 더 빠르게 발전되고, 실생활과 가상현실이 융합되고, 기계와 공존도 하고 경쟁해야 하는 시대가 다가오는 것이다. 우리 젊은 세대들이 부모들 세대처럼 자꾸 과거 잣대로 살아가면 안 된다. 학벌과 학력 사회는 과거 유물이 될 것이다.

그러면 우리 청년들은 어떻게 살아가야 할까? 한마디로 제안하면 자신이 잘할 수 있고 재미있어 하는 일에 집중해서 자신만의 전문성을 갖추라는 것이다. 공부, 예술, 스포츠, 장사, 여가, 게임, 조립 등 뭐든지 좋다. 자신이 하면서 즐겁고 행복하다면 무조건 시도한다. 한 분야에 집중해서 전문가만 되면 돈은 자연스럽게 따른다. 아무리 타고난 천부적인 재능도 노력하지 않으면 완성되지 않는다. 피겨선수인 김연아가 어릴 때부터 수만 번 넘어지는 혹독한 훈련과 세계 최고의 스승을 만나지 않았다면 세계 1위가 될 수 없었을 것이다. 노력은 결과로 말해주는 가장 값진 것이다. 지금은 당장 힘들 수 있지만, 남의 눈을 의식하지 말고 자신이 하고 싶은 것에 최선을 다해 당당하게 살아가자.

장점을 강점으로 바꿔야 성공한다

50·60세대들은 2차 산업혁명 후기에 태어났다. 3차 산업혁명을 맞이하고 4차 산업혁명까지 거치는 세대들이다. 50·60세대의 부모들, 즉 할아버지 세대는 생활 근간이 농업이었다. 농사를 잘 짓는 실력이 최고의 능력이었다. 농사를 잘 짓는 방법을 아는 사람과 농토를 가진 사람이 부와 사회 영향력을 모두 거머쥐었다. 과거 우리 산업이라 하면 농사가 고작이었기에 50·60세대들 입장에서 보면 토지와 농사기술을 가진 부모의 영향력은 막강했다. 부모들은 젊은 노동력 확보 차원에서도 가부장적으로 가족을 통솔하는 것이 가장 중요한 힘이었다.

과거 부모님은 자식들에게 무조건 복종하고, 공경하고, 효도해야 한다는 교육을 어릴 때부터 시켰다. 당시는 가족들과 많은 시간을 함께 보냈다. 가족이 모여 식사시간에 자연스럽게 자식들이 부모님이나 할아버지에게 소위 말하는 밥상머리 교육을 받으면서 자랐다. 부모 말씀을 잘 들어야 부모들이 가지고 있는 논과 밭을 물려받아 안정된 생활이 가능하던 시절이었기 때문이다.

1960년대 들어와서 우리나라에도 산업화 열풍이 몰아치면서 산업 전반에 많은 변화를 가져왔다. 도로와 자동차 산업 발달로 사람 간 이동이 자유로워졌다. 많은 공장이 생겨나면서 도심 지역에 많은 일자리가 창출되었다. 이로 인해 농촌에 많은 사람들이 도시로 몰려들었다. 더는 농경지에 의존하지 않고도 살아갈 수 있는 환경 변화가 일어났다. 산업화하면서 부를 축적한 신흥 부자 계층이 생겨났다. 농업 중심의 기존 질서가 붕괴하면서 새롭게 세상을 주도하는 계층이 생겼다. 이런 계층을 위해 일하던 법률가와 의사들이 또 다른 전문가 집단이 되어 부를 축적하고 새로운 엘리트 집단으로 부상했다.

시대가 바뀌면서 부모들은 자식들에게 농사를 잘 짓는 것보다는 공부를 잘하도록 온갖 노력을 들였다. 농사보다 공부를 잘하거나 사업에 성공하는 게 성공의 지름길이라는 것을 인식하기 시작했다. 부모들은 자식 성공을 위해 논과 밭, 소를 팔아서 자식들 고등학교, 대학교를 보냈다. 못 배우고 가난했던 부모들이 자식 출세를 위해 모든 희생을 감수한 것이다. 부모가 자식에게 판사, 의사, 회계사, 박사, 교수가 되는 것을 성공으로 믿었던 탓에 자식에게 공부 잘하라고 잔소리를 많이 하게 되었다. 아직도 가끔 외진 시골을 지나가다 보면 사법고시에 합격하거나, 장군 또는 박사가 되었다고 마을 입구에 축하하는 현수막을 볼 수 있다. 아직도 시골에 사는 부모들은 공부가 최고라고 생각하는 것이다.

선진국 문턱까지 발전한 우리 사회도 환경이 많이 달라졌다. 30년 전인 1980년대만 해도 박사학위를 가진 사람들을 기업체에서 임원 아니면 부장이라는 고위 직급을 주고 모셔오기 경쟁하는 시절이 있었다. 지금은 박사학위 받은 사람들이 넘쳐난다. 변호사, 회계사, 의사와 같은 전문 면허증을 가진 사람들도 취직하지 못해 전문직 백수가 많이 늘어나고 있는 것이 현실이다. 박사학위 가진 사람들이 9급 공무원 시험에 응시하고 있는 지금, 공부를 잘한다고 풍요로운 삶이 보장되지 않는 세상이 온 것이다.

불과 30년 만에 이렇게 세상이 완전히 바뀌었는데, 다가오는 미래에는 얼마나 많이 사회가 변할까? 일자리가 줄어드는 이유는 여러 가지다. 우선 국가 경제가 연간 성장률 2%대로 저 성장기에 들어가고 있다. 기술 발전에 따른 공장 자동화로 근로자들 일자리가 계속 줄고 있다. 대학교 졸업자인 고급인력이 과잉상태로 쏟아져 나오는데 사무 자동화로 고급인력 수요가 갈수록 줄어든다. 미래는 인공지능과 로봇으로 더욱 심각해질 수밖에 없다.

1980년대만 해도 대학진학률이 35% 정도였는데, 지금은 약 70% 이상으로 국가 인력 수급 정책실패도 한몫하고 있다. 지금 청년 실업률의 반 이상이 대졸자다. 국가교육정책을 시급히 재고해볼 사안이다. 더구나 기득권층들이 수명이 늘어나면서 전문직 일을 계속하고 있다. 젊은 사람들이 변호사나 의사가 되어도 전문직 일자리가 계속 부족하다. 현재 전문 직종에 종사하고 있는 50·60세대들은 과거에 고생을 많이 했다곤 하지만, 고도 성장기에 안정적인 수익과 사회적 명성까지 얻는 등 각종 혜택을 받아왔다. 현재까지 자금력이나 인적 네트워크를 장악하고 있어서 전문 직종 청년들이 경쟁할 수 없는 구조적인 문제를 안고 있다.

다행히 전문 직종 청년들은 어렵게 일자리를 얻어도 과거와 같은 특혜를 기대할 수 없다. 치열한 경쟁만 남은 것이다. 결국, 아버지 세대가 자식 세대 일자리를 빼앗고 있는 셈이다. 설상가상으로 다가오는 4차 산업혁명이 본격화되면 전문직 일자리도 급속히 줄어든다. 현실이 이런데도 우리 청년들이 과거처럼 공부를 잘하고 좋은 대학을 가야만 성공한다고 믿고 있다면, 시대 흐름을 제대로 읽지 못하고 있다는 방증이다. 지금 청년들은 앞으로 완전히 다른 세상에서 살아갈 미래 사람들이라는 것을 생각하고 준비해야 한다.

훌륭한 스승은 성공의 지름길이다

자신만의 차별화된 전문성을 갖추려면 재능뿐만 아니라 각고의 노력이 필요하다. 여기에 시행착오를 줄이고 목표한 것을 빠르게 이루려면 좋은 멘토를 찾아보길 권한다.

한국을 대표하는 세계적 테너 성악가로 성장 가능한 젊은 성악가와 식사를 함께 나눴다. 노래만 잘하면 정상에 우뚝 서는 줄 알았는데 그건 너무 당연히 기본이라고 담담히 성악 이야기를 이어갔다. 진정으로 세계 최고가 되려면 그 나라 문화와 역사, 그리고 언어를 제대로 할 수 있어야 인정받을 수 있다는 것을 알게 되었다고 설명했다.

즉 이탈리아 성악을 하는 데 이탈리아 역사·문화·발음에 대해 완벽하지 않다면 아무리 노래를 잘하더라도 최고가 될 수 없다는 것이다. 그래서 독일에 가서 세계 최고 성악가와 교수에게 음악을 배우고, 언어도 5개 국어를 공부하고 있다고 한다. 가령 외국 사람이 우리나라 민요나 창을 부른다고 생각해보자. 그냥 외국 사람이 아마추어 차원에서 민요나 창을 부른다면 발음이 어눌해도, 노래 깊이가 없어도 우리는 대단하다고 박수를 보내겠지만, 프로의 경우는 완전히 다르다. 우리나라 민요와 창을 부르는 국내 최고 실력자와 대결하려면 우리나라 역사와 문화도 제대로 알아야 한다. 발음뿐만 아니라 소위 말하는 득음 경지까지 도달해야 국내 최고와 경쟁할 수 있지 않겠는가? 이 젊은 성악가는 한국과는 완전히 다른 세계 최고들과 교류와 경쟁으로 자신 목표를 더 높게 설정하는 계기가 되었다고 했다.

유명한 셰프(Chef)들이 방송에서 높은 인기를 얻고 있다. 한식을 만드는 대가들도 있지만, 일식, 중식, 프랑스 요리를 잘하는 요리사도 많다. 이렇게 외국 음식을 만드는 요리사들을 보면 대개 그 나라에 가서 요리 비법을 배우기 위해 노력과 혹독한 고생을 한 사람들이다.

유학을 가본 사람들은 알겠지만, 사실상 유학은 쉽지 않다. 가장 큰 어려움은 언어와 문화가 달라 적응이 힘들다. 여기에 친구도 없고 돈조차 많지 않아 녹록한 것이 하나도 없다. 원하는 목표까지 달성해야 하니 얼마나 힘들겠는가? 군대 갔다 온 남자들은 군대 무용담이 하나씩 다 있듯이, 유학생 대부분은 자기 나름 고생담이 하나씩 존재한다. 다행히 젊은 시절에 경험한 것이라 평생 살아가는 데 힘이 되고 추억으로 남는 것이다.

셰프의 경우 타국에 가서 음식 만드는 노하우, 즉 일종의 기술을 배워야 하고, 언어 공부도 동시에 습득해야 한다. 더 나아가 식당일을 하면서 돈도 벌어야 하니 얼마나 힘들었겠는가? 어느 정도 인정받는 셰프가 되려면 그 나라 언어 습득은 물론이고 문화, 역사를 알고 음식에 대한 지식과 그 나라 사람들의 입맛까지도 알아야 하지 않을까? 여기에 요리가 개발된 배경과 재료 내용을 식품영양학자만큼 알아야 이론과 실무를 겸한 최고의 전문가라고 이야기할 수 있다. 요리만 잘해서는 최고가 될 수 없다.

이렇듯이 예술이나, 음식이나, 스포츠를 배워서 세계 최고가 되려면 훌륭한 스승, 즉 멘토를 만나야 한다. 자신의 타고난 능력이나 피나는 연습만으로는 최고가 되기 힘들다. 세계적으로 유명한 프로선수들도 훌륭한 스승을 찾아서 끊임없이 교정하고 새로운 기술을 습득해야 최고가 될 수 있다. 훌륭한 멘토가 있다면 이미 성공한 삶이 보장되었다고 말할 수 있다.

좋은 인격체가 리더의 필수 조건이다

요즘 끔찍한 뉴스가 자주 보도된다. 아무 이유 없이 사람들을 죽이고, 자신이 낳은 자식도 죽이는 세상이 되었다. 학교에서는 친구를 집단으로 따돌리고, 학내 폭력과 집단 폭력이 사회문제로 급부상했다. 심지어 제자들이 선생님에게 폭언과 주먹을 휘두르고, 심지어는 성추행도 일삼는다는 뉴스도 접한다. 이러한 사회적 문제는 여러 가지 원인이 있겠지만 인성교육이 문제라고 생각한다. 국어사전에서 인성교육은 마음의 바탕이나 사람 됨됨이 등의 성품을 함양시키기 위한 교육이라고 적혀 있다.

좋은 인성교육은 가정에서부터 출발이 필요하다. 그러나 첨단사회를 살아가는 바쁜 부모들이 자녀를 돌볼 시간이 절대적으로 부족하다 보니 가정교육이 잘 안 되는 문제가 원인이다. 50·60세대는 소위 밥상머리 교육이라고 식사 시간이 부모들이 자식들을 가르치는 시간이었다. 현대그룹 고 정주영 회장은 항상 아침 5시에 가족 식사를 했다는 유명한 일화가 있다. 아침 5시에 식사할 수 있도록 자식들 집을 정 회장 집 근처로 이사 오게 했고, 아침 식사에 빠진 자식은 혹독하게 야단맞았다고 한다. 지금 시대에 이런 가족이 과연 있을까? 아마 없을 것이다.

현대인은 늦게 자다 보니 잠이 부족해 아침 시간이 마치 전쟁터 같다. 학생들은 아침도 못 먹고 학교 가는 경우가 많고, 일어나 보면 아버지는 출근하고 없다. 점심은 물론이고, 저녁 시간도 가족들과 같이할 시간이 거의 없다. 다행히 주말에는 가족들이 모이는데 부모는 자식들과 같이 있어주지 못한 미안한 감정 때문에 자식들이 잘못을 해도 그냥 넘어가는 경우가 많다.

그러다 보니 자식들은 자기 행동이 잘못됐는지, 잘한 것인지 분별하지 못한다. 일부 부모들은 내 자식들만 잘되면 문제없다는 식으로 자식들이 잘못해도 감싸고 돈다. 바로 그릇된 교육 방식이 문제의 원인이라고 생각한다. 일부 젊은 부모들은 아이들이 식당과 같은 공공장소에서 큰소리치고 뛰어다녀도 말리지 않는 경우가 있다. 심지어 주변에서 뭐라고 하면, 오히려 왜 남 일에 참견하느냐고 말하는 사람도 있다. 이것은 부모로서 잘못된 사례다.

유럽에서 기차를 타고 가는데 어린애가 소리치면서 열차 안을 뛰어다니니까 젊은 엄마가 몇 번 제지했다. 그래도 말을 듣지 않는 아이를 객차 사이로 데려가 체벌하면서 여러 사람들이 있는 곳에서는 조용히 있어야 한다고 단단히 주의를 주는 것을 보았다. 역시 선진 국민이라 다르다는 생각을 갖게 했다.

요즘 학생들은 어디서 윤리나 인성교육을 받을까? 가정에서 인성교육이 잘 안되면 학교에서 인성교육을 시켜야 하는데, 입시교육 중심이라 제대로 된 인성교육을 기대하기 어렵다. 또한, 선생님들 위상이 많이 떨어져 있어서 학생들은 선생님들을 지식전달자, 혹은 돈을 벌기 위해 가르치는 공무원으로 바라본다. 공교육에서 인성교육을 제대로 시키기 어려운 게 현실이다. 그러니 친구나 또래 집단을 통해서 사회성이 형성되기 쉽다. 인격체가 완성되는데 같은 또래들이 인생의 올바른 길을 안

내해줄 수가 없다. 인터넷이나 SNS를 통해 같은 생각을 하는 사람들끼리 교류하다 보니 편협된 자기중심의 잘못된 인성이 자리 잡을 위험이 발생한다.

잘못된 인생관이나 윤리관은 자신뿐만 아니라 남에게도 피해를 준다. 사람들이 가지고 있는 개인 자산은 가족, 좋은 친구들, 재산, 경험, 지식, 기술, 언변, 외모, 예절 등 여러 가지가 있다. 2차 산업혁명 시절에는 지식이 가장 으뜸인 자산이었을 테지만, 지금처럼 인터넷이 발달해 지식이 공유되고, 집단지성과 인공지능이 발달하는 시대에는 지식이나 공부보다는 사람이 가지고 있는 좋은 인성, 가치관, 도덕과 윤리적인 면이 훨씬 중요한 자산이 될 것이다. 잘못된 인생관이나 나쁜 인성을 가진 사회지도자가 주요 사회문제로 주목받고 있다.

2014년 비행기 내에서 땅콩 제공 서비스를 문제 삼아 활주로로 이동 중인 비행기를 되돌려 사무장을 내리게 한 KAL기 '땅콩 회항' 사건을 기억하는가? 최근 일부 재벌 2, 3세 경영자들이 자신을 모시는 운전기사를 폭언하고 운전 중에 폭력을 가하는 행동, 국내 유명한 프랜차이즈 회장이 자기 사업을 지탱해주는 고마운 가맹점 사장들에게 오히려 착취하는 갑질, 대기업이 대리점이나 하도급 업체들에 부당한 짓을 하는 갑질, 이것이 우리들의 안타까운 사회 현실이다. 이 모든 것이 잘못된 인성에서 기인한 것이다.

미국의 경우를 벤치마킹할 필요가 있다. 1980년대 미국에서는 학교폭력과 총기사고, 청소년 흡연과 알코올, 사회 전반적으로 범죄와 이혼

율이 높아지는 등 사회문제가 심각했다. 이를 해결하기 위해 인성교육과 시민의식 교육을 강화하는 방안을 마련했다. 2000년 캘리포니아에서 교육법을 개정한 이후 현재 18개 주에서 인성교육을 의무화시켰다. 도덕성을 기본으로 서로 협동하고 배려하는 협동 정신 함양, 정직하고 상대방을 존경하는 윤리와 사회 구성원으로서 올바르게 살아갈 수 있도록 하는 교육이 진행되고 있다.

좋은 인성은 어릴 때부터 가정에서 교육되어야 한다. 그러나 현재의 사회구조상 쉽지 않은 상황이기 때문에 공교육에서 지식 전달보다는 좋은 인성교육을 시키는 것을 교육의 목표로 삼았으면 한다. 미국의 공교육 사례처럼 각 지역 특성을 반영해 학교 자율적으로 정신적 측면을 교육하도록 해야 한다.

글로벌 시대, 해외 경험과 언어 습득은 필수다

세계가 점차 가까워지고 있다. 우리나라 대학교에도 많은 나라 외국 학생들이 와서 공부한다. 한국도 국민소득이 높아지고, 점차 국제도시로 자리매김하다 보니 한국을 배우려는 외국 학생들이 점차 많아지고 있다. 우리나라에서 공부하는 외국인 유학생이 2018년 14만 명이 넘었고, 이 중 대학 학위 과정 이상 학생 수가 8만 명에 달한다.

출신 국가별로 중국이 6만 8,000명으로 55%로 과반수 이상을 차지한다. 베트남 유학생이 2만 7,000명, 몽골이 6,800명, 우즈베키스탄 5,500명에 이어 일본 4,000명 미국 2,700명 순으로 181개 국가에서 찾아온다. 대학별로는 경희대 5,800명, 고려대 5,400명, 성균관대 4,800명, 연세대 4,100명, 한양대 3,900명으로 서울에만 6만 1,000명이 공부하고 있다. 최근엔 포스텍 대학원에서 인도 출신 대학원생이 총학생회장에 당선되면서 국내 첫 외국인 학생회장도 나왔다.

반면에 한국인 학생의 외국 유학생은 2017년 기준 23만 9,000명으로 중국으로 간 유학생이 전체 30.5%로 1위, 미국 유학생은 25.5%로 2016년부터 1위를 내주고 있다. 유학생 상위 10개국은 중국(73,240명), 미국(61,007), 호주(16,770), 일본(15,457), 필리핀(13,257), 영국(11,065), 캐나다(8,735), 프랑스(6,655), 독일(6,087), 뉴질랜드(6,060) 순이다.

학창 시절이나 청년 시절에 다양한 국가를 방문해보는 게 좋겠다. 특히 미국, 일본, 중국은 세계 경제 대국으로 꼭 가보도록 권장한다. 해외여행으로 다녀와도 좋겠지만, 사정이 허락된다면 친구들끼리 그룹이 되어서 국가별로 1~2개월 체류 여행을 제안한다. 준비하는 과정도 많은 공부가 될 것이고, 낯선 나라에 가서 체류하다 보면 현지 친구도 사귈 것이다. 단순 여행보다는 훨씬 많은 경험을 하면서, 그 나라 사람들도 깊이 알 수 있는 계기가 된다.

필자는 회사일 때문에 약 40개국은 다녀본 것 같은데, 대개는 업무 출장으로 일주일 정도 사무실이나 미팅 장소에만 있다가 왔기 때문에 현지 실상은 잘 모른다. 여행 패키지로 가면 가이드가 자세한 설명을 해 주기 때문에 현지를 이해하기는 수월하나, 자신이 직접 체득한 내용이 아니므로 좀 지나면 거의 잊어버리고 만다. 해당 국가를 깊이 있게 이해 하려면 현지 언어를 습득하면 좋다.

내 버킷리스트 중 하나는 맘에 맞는 친구들과 함께 그룹을 만들어 6 개월 단위로 대륙 여행을 가는 것이다. 유럽에 간다면, 다양한 경험이 있는 사람들 4명으로 구성해, 현지에 도착한 후 차를 빌려 자동차 여행 을 할 계획이다. 6개월 일정이기 때문에 사전에 준비할 사항이 많을 것 이다. 여행하면서 느낀 점이나 경험을 책으로 발간하면 나름대로 의미 가 있을 것 같다. 여행 중에 동반자들과 의견 충돌도 많을 것이고, 동료 가 중요하다는 값진 교훈도 얻을 수 있을 것이다. 여러분들도 한번 도전 해 보는 것이 어떨까 한다. 도서관에서 책과 씨름하는 것보다 훨씬 값진 경험이 아닐까? 그러다 보면 자연스럽게 글로벌 마인드도 생길 것이다. 특히 대학생들은 방학 때마다 도서관을 뛰쳐나와서 배낭 메고 무조건 해외로 가서 부딪쳐보는 것이 좋다.

4

차세대 리더는
다르다

차세대 리더의 조건을 대표적으로 하나만 이야기하라면 집단지성 리더십이다. 집단지성이란, 여러 사람이 협력을 통해서 얻은 지식 또는 지능이라 이해하면 쉽다. 혼자보다 여럿이 함께 힘을 모으는 것이 당연히 좋다. 동물도 마찬가지다. 개미 한 마리는 하찮고 미약하지만, 수만 마리가 모인다면 커다란 집도 지을 수 있고, 거대한 동물도 이길 수 있다.

집단지성을 활용한 대표적인 사례로는 누구나 자유롭게 자신의 지식을 쓸 수 있는 온라인 백과사전인 위키피디아를 꼽는다. 위키피디아(Wikipedia)는 온라인을 통해 사용자가 참여하는 백과사전이다. 현재 최고의 백과사전으로 평가받고 있으며, 세계 지식인들이 가장 많이 이용하고 있다.

위키피디아의 출현은 1768년 첫 출간 이후 약 240년간 가장 오랜

전통과 명성을 유지했던 브리태니커 백과사전 인쇄본 출간을 2012년 중단하게 했다. 이렇듯 디지털 시대는 정보를 검색했던 사람들이 새로운 지식과 정보들을 만들어낸다. 많은 사람이 자신들이 가지고 있는 정보와 노하우를 사이버상에서 새로운 지식을 재창출한다. 집단지성이 가진 강점이다.

다가오는 4차 산업혁명의 핵심은 인공지능이다. 인공지능 역량이 인간을 뛰어넘고, 지배할 수 있다는 주장이 계속 나오고 있다. 천체물리학자인 스티븐 호킹은 100년 안에 인공지능을 가진 기계에 인류가 종속되고 결국 멸망할 것이라고 주장했다.

테슬라 모터스의 CEO 일론 머스크도 3차 세계대전이 인공지능 지시로 시작되고, 핵전쟁으로 인류가 파멸될 수 있다고 주장한다. 물론 반대 의견이 대다수이지만, 앞으로 인간이 인공지능을 발전시키고 제어하는 역할을 해야 한다. 혼자 힘으로 다수를 대적할 수 없고, 주도할 수 없는 시대가 4차 산업혁명이다. 따라서 미래인재 조건은 얼마나 많은 사람들을 모으고 목표한 방향으로 끌고 가느냐가 핵심이다.

리더는 사람들을 끄는 매력이 넘쳐야 한다. 위트 넘치게 상대방을 설득하는 능력이 필요하다. 설득 능력을 키우려면 읽고 쓰고 발표할 수 있는 국어 실력이 필요하다. 영어 공부와 비교하면 국어 공부는 소홀해 보인다. 우리말이라고 쉽게 생각하는 경향 때문이다. 국어 실력은 리더의 표현력을 말한다.

미래의 인재는 한 가지만 잘하는 전문가보다는 다방면으로 넓게 아는 사람이 될 것이다. 가슴이 따뜻한 인간미도 필요하다. 유머 감각도 좋다. 성실한 생활 태도에서 신뢰가 느껴진다. 설득력을 갖춘 인재가 차세대 리더가 될 것이다. 이러한 조건을 갖추기 위해서는 다양한 사람들을 만나서 소통해야 한다. 학교 공부뿐만 아니고 다양한 사회경험도 필수가 아닐까?

얼리 어답터가 앞선다

새로운 기술이나 서비스를 남보다 빨리 써보는 사람을 얼리 어답터(Early Adaptor)라고 부른다. 세상에 나오는 수많은 신제품이나 서비스를 다 사용해볼 수는 없지만 새로운 것을 먼저 접해보면 그만큼 남보다 앞선 생각을 할 수 있다.

미래는 디지털 유목민 시대다. 영어 그대로 디지털 노마드(Digital Nomad)라고 부른다. 스마트폰과 노트북만 들고 장소에 구애받지 않고 모든 업무를 처리하는 사람과 환경을 통칭한다. 전 세계 모든 것이 통신망에 연결되는 초연결사회에서는 시간과 장소에 구애받지 않는다. 온라인이라는 연결선을 통해 전문성만 있다면 세계 어느 기업에서나 프리랜서로도 일할 수 있다.

아프리카에 있는 사람이 우리나라 기업 프로젝트에 조직원의 일원으로서 참여할 수 있다. 당연히 각종 디지털기기를 잘 사용하고 새로운 기술에 민감하게 반응해야 한다. 바로 얼리 어답터가 이러한 글로벌 프로젝트에 먼저 접근하고 참여할 기회를 잡을 수 있다.

4차 산업혁명의 가장 핵심요소는 초고속, 즉 빠른 속도다. 기계나 제품만 빨라야 하는 것이 아니고, 적응이 빠른 사람들이 시대 흐름을 주도할 수밖에 없다. 이런 사람들은 새로운 서비스도 먼저 경험해야 직성이 풀린다.

2016년 일본 닌텐도가 만든 증강현실 게임인 포켓몬 고(Pokemon Go)가 국내에는 공식적으로 출시가 안 된 시점에도, 속초와 강릉 등 영동 지역만 포켓몬 고를 할 수 있어 많은 사람들이 몰린 적이 있었다. 당시 포켓몬 고를 체험하기 위해 속초에 가본 사람이라면 얼리 어답터라고 할 수 있다. 속초까지 가기 위해 교통비와 숙박비를 썼겠지만, 남보다 먼저 사용해본 경험은 충분한 가치가 있다. 새로운 기기나 서비스, 창작물을 먼저 경험해본 사람들은 분명 앞선 사람들이다. 굴착기가 이미 개발되었는데도 이런 사실을 모르고 삽으로 땅을 파고 있다면 분명히 시대에 뒤떨어진 사람이다.

매년 천만 명 이상 관람한 영화들이 몇 편씩 화제가 된다. 흥행에 성공한 이유는 재미나 감동만으로 부족하다. 흥행대작이라는 수식어는 그 시대 사람들 마음을 움직였다는 의미다. 모임이나 술자리에서 당연한 이야깃거리가 되기 때문이다. 대부분 알고 있는 상식적인 이야기를 나만 모른다면 시대에 뒤떨어졌다는 분명한 증거다. 흥행할 영화를 먼저 보는 것도 중요하다. 먼저 영화를 보고 히트할 것인지, 아니면 중도에 인기가 떨어질 것인지 나름대로 분석하고 판단해보면 재미가 쏠쏠하다. 그 시대 대중들의 생각을 읽어내는 힘도 키울 수 있다. 그냥 영화만 보지 말고 왜 영화가 히트했는지 이유를 나름 분석해보고, 다음에는 대중들이 흥미를 느끼는 장면까지 예측한다. 지금처럼 신기술과 새로운 서비스가 홍수처럼 쏟아져 나오고 있는 시대에 과거 경험으로만 살아간다면 뒤처질 수밖에 없을 것이다.

몰입하고 차별화한다

한 분야에서 최고 전문가가 되는 길은 참으로 멀고도 힘들다. 미래는 인간과 경쟁이 문제가 아니다. 인공지능과 같은 기계들과도 경쟁을 피할 수 없기 때문이다. 경쟁에서 살아남기 위해서는 전문성과 차별성을 갖춰야 한다. 더군다나 앞으로는 한 가지만 잘해서 되는 것이 아니고 최소 2~3개의 전문성을 갖춰야 하는데, 학교에서 배운 것만으로는 턱없이 부족하다. 구글, 네이버, 유튜브 등 지식습득 경로를 다양화해서 필요한 지식을 습득해야 한다.

만약 변호사가 되려는 청년이 있다면 방향을 우선 결정해야 한다. 어느 분야에 전문성과 경험을 갖출지 그 과정을 탐색한다. 예를 들면,

부동산 소송의 전문 변호사가 되려면 법률 공부는 기본이다. 부동산에 대한 해박한 지식도 동시에 습득해야 한다. 경제 전반에 걸친 지식을 갖춰 부동산 동향을 파악한다. 경매에 참여해서 권리관계를 분석해보고, 부동산에 직접 투자도 해봐야 실무를 파악할 수 있다.

가령 의료 전문 변호사로 목표를 설정했다면 의료 분야에 전문성을 갖춰야 한다. 여기에 바이오에 관한 공부를 덧붙이면 금상첨화다. 현재 의사 면허와 변호사 자격증도 동시에 갖춘 인재도 상당수 활동하고 있다. 이렇듯 전문성을 통해 차별화 포인트 공략이 중요하다.

50·60세대 대학 시절은 공부보다 친구들과 어울리고, 막걸리 마시면서 토론하는 게 일상이었다. 요즘 대학생들은 취직을 위해 공부하고, 높은 학점 따는 것에 인생을 걸고 있다. 사실 회사에 취업해보면 학교에서 배운 지식은 그다지 도움이 안 된다. 공부를 잘하고 성적이 좋다는 것은 앞으로 일을 하는 데 남보다 더 잘할 수 있을 거라는 믿음이 클 뿐이다. 학교에서 배운 것은 아주 기초적이고, 이론적인 입문 교육이다. 공대생이라면 학교에서 실험 또는 실습을 해본 정도가 다소 도움이 될 정도다.

요즘 회사에서도 학점 높은 학생보다 창의적이고 문제 해결 능력이 있는 인재 발굴에 집중하는 추세다. 회사에 입사하면 처음부터 다시 배워야 한다. 너무 학점에만 매달리지 말고, 다양한 경험 쌓기를 권한다. 경쟁력을 높이려면 목표하는 일에 몰입과 몰두가 중요하다. 앞으로는 편집광적인 사람들만이 남과 차별화할 수 있다. 우리 인간들은 자기 두

뇌를 평생 2~3%도 사용하지 못한다고 한다. 즉, 인간 능력은 무한정이라고 해도 과언이 아닐 것이다.

배려하고 베푸는 삶

가치 있는 삶이란 무엇인가. 남을 배려하고 베푸는 실천이 아닐까? 세상에는 좋은 사람이 대부분이다. 단지 신문이나 뉴스를 보면 나쁜 것 위주로 보도를 하니, 나쁜 세계만 보이지만 그렇지 않다. 그래서 사회가 존재하고 인류가 발전하는 것이다. 나쁜 사람들만 있다면 벌써 인류는 멸망했을 것이다. 인간이 인간답다는 말은 상대방을 이해하고 인격적으로 존중한다는 의미다. 동물이나 로봇과 다른 점이다. 상대방을 이해하려면 상대방 행동이나 이야기하는 것을 잘 듣고, 보면서 판단해야 한다.

배려는 무조건 상대방 의견에 따르고 내 의견을 굽히라는 말이 절대 아니다. 자기 소신이나 용기가 없거나 비굴한 사람들은 힘 있는 사람에게 친절한 척한다. 하지만 돌아서서 무시한다. 결코, 배려가 아니다. 상대편 처지에서 생각해보라는 사자성어인 '역지사지(易地思之)'라는 말도 상대를 배려하라는 뜻이다.

'노블레스 오블리주(Noblesse Oblige)'는 직위에 따른 도덕적 의무를 말한다. 상대방에게 베푸는 배려 역시 우리가 실천해야 할 부분이다. 노블레스 오블리주는 초기 로마 사회에서 사회 고위층들이 봉사와 기부, 그리고 헌납의 전통이 강했으며, 이러한 행위는 의무인 동시에 명예로 인식되면서 자발적이고 경쟁적으로 이루어졌다.

2007년에 개인 고액기부자 클럽인 아너 소사이어티(Honor Society)가 설립되었다. 한 번에 또는 5년간 누적해서 1억 원 이상을 기부하는 사람들의 모임이다. 죽음을 맞이할 때 사는 동안 많이 베풀지 못하다는 사실에 아쉬워하는 사람들이 있다. 베풀지 못한 것에 대한 후회이다. 주는 기쁨은 받는 기쁨보다 훨씬 크다. 상대방에게 배려하고 베풀겠다는 사람들은 자연스럽게 욕심도 줄어들기 마련이다. 마음이 평온해지고, 존경받기 때문에 행복한 삶을 살 수 있다.

삶을 즐길 줄 알아야 한다

살면서 자신이 잘할 수 있고 즐길 수 있는 취미와 특기를 갖는 것은 축복받은 삶이다. 물론 사람마다 생각도 다르고 좋아하는 것도 다르다. 좋아하는 것이 제각각으로 달라서 어떤 강요도 할 수는 없다. 취미와 특기가 없는 삶은 그야말로 무미건조하다. 취미는 말 그대로 본인이 좋아하는 것이다. 특기는 남보다 잘할 수 있는 것이다. 이런 것들을 어릴 때 습득해놓으면 평생 즐거움으로 함께 간다.

인생은 스트레스의 연속이다. 현재뿐만 아니라 미래에도 건전하게 스트레스를 해소할 자기만의 특기를 갖는 것은 사는 데 도움이 된다. 취미와 특기는 대개 스포츠, 노래, 바둑, 게임, 피아노, 바이올린, 그림 등 참으로 다양하다. 어린 시절 여름에 시골 냇가에서 수영을 배웠고, 겨울에는 스케이트를 배웠다. 중·고등학교 때는 탁구, 대학교 다닐 때는 테니스와 당구를 즐겼다. 그저 대중적인 스포츠였다. 그 시절 즐거움도 함께 기억한다.

40대 이후에는 골프 열풍으로 지금도 중년 스포츠로 주목을 받고 있다. 골프 실력을 향상하기 위해 많은 시간과 비용이 들어가는 만큼 만만치 않다. 요즘 은퇴자 중심으로 당구 열풍이 일어났다고 들었다. 대학 시절에 즐겼던 경험을 지금도 즐기고 싶은 현상이다. 한번 습득한 취미나 특기는 평생 간다. 특히 수영은 건강뿐만 아니라 자신 관리에 도움을 준다. 꼭 배웠으면 한다. 자기 몸을 지킬 수 있는 태권도와 같은 호신술도 하나쯤 배워보면 어떤가?

친구들과 우정을 다지기 좋은 단체운동인 농구, 축구 그리고 여건이 되면 야구도 좋겠다. 배울 때 제대로 배우는 것이 중요하다. 돈이 좀 들더라도 전문 코치를 통해서 배우면 남보다 빠르고 정확히 배울 수 있다. 여럿이 어울리며 살아가는 데 평생 좋은 무기가 된다. 어떤 사람은 모든 면에서 완벽하고 성공한 사람인데, 골프만 치면 엄청난 스트레스를 받는다. 사업적으로나 동료들과 친목을 위해 골프를 칠 수밖에 없는데 제대로 배우지 않고 필드에 나가다 보니 잘못된 습관이 몸에 배었다. 실력이 좀처럼 늘지 않는다고 스스로 느끼고 있다면, 필시 처음 배울 때 제대로 배우지 못한 것이 분명하다. 비용이나 시간이 들더라도 처음 배울 때 올바로 배운다는 원칙을 생각하자.

생각하는 힘을 키운다

생각이 바뀌면 행동이 바뀌고, 행동이 바뀌면 습관이 바뀌고, 습관이 바뀌면 운명이 바뀐다는 말이 있다. 그러면 어떻게 생각하는 힘을 키울 수 있을까? 생각하는 힘을 키우는 방법 3가지를 제안한다. 첫째로 책을 항상 읽는다. 둘째로 끊임없이 고민한다. 마지막으로 비판적으로 사고한다.

첫째, 책을 항상 읽는다. 독서는 일반적인 도서뿐만 아니라 전문적 논문이나, 신문 기사, 분석자료, 요즘은 동영상이나 강의를 듣는 것도 포함한다.

테슬라 모터스 CEO인 일론 머스크는 약 1만 권의 책을 읽은 것으로 유명하다. 많은 책을 읽는 것도 중요하지만, 그렇다고 모든 책을 자세히 정독할 필요는 없다. 책마다 독자에게 전하고 싶은 핵심 내용을 파악하는 게 중요하다. 책에서 내가 필요한 부분이나 핵심 부분만 집중해서 읽는 것도 좋은 방법이다.

많은 책을 읽다 보면 정독해야 할 좋은 책을 만난다. 이런 책들은 완전히 이해해서 자기 것으로 만드는 게 중요하다. 아무리 훌륭한 독서광이라고 해도, 책을 쓴 사람의 지식과 지혜를 넘어설 수가 없다. 그러나 정독을 하게 되면, 책이 표현하고자 하는 저자의 뜻을 정확히 파악할 수 있다. 책에 대한 비평적 사고가 생긴다. 그러면 자기만의 주관적인 생각을 정립할 수 있다. 비로소 완벽한 독서를 했다고 말할 수 있다.

남의 책을 많이 읽어라. 남이 고생해 얻은 지식을 아주 쉽게 내 것으로 만들 수 있고, 그것으로 자기 발전을 이룰 수 있다.

– 소크라테스

둘째, 끊임없이 고민한다. 회사 사장이나 임원들은 실무 일을 하지 않는데 왜 그렇게 많은 연봉을 받는지 의아할 것이다. 임원들은 일하지 않고 매일 회의만 하고, 업무 지시하고 노는 것 같다. 직원들이 보고서 작성하느라 밤새 보고서를 작성해서 올리면, 임원은 알았다고 놔두고 가라고 한다. 하지만 실상 임원이 되어보니 쉽지 않은 자리라는 것을 체감한다. 임원들은 끊임없이 현상을 파악하고, 문제를 해결하기 위해 고민하고 대책을 내놓아야 하는 책임지는 자리라는 사실을 깨달았다.

일을 안 하고 노는 것 같지만, 사실은 끊임없이 생각하는 것이다. 그러니 스트레스가 생기고 몸에 탈도 난다. 임원은 임시직원이라는 말이 있듯이 실적이 없거나, 회사 발전에 기여하지 못하면, 집에 가야 하는 상황이 되기 때문에 끊임없이 고민할 수밖에 없다.

필자는 대리 때부터 사장실 직속 기획실에서 일했다. 사장으로부터 어떠한 지시가 내려와도 반드시 수행해야 하는 곳이다. 정신적인 압박이 상당히 심하다. 기획실 그룹장을 맡았을 때는 사장께 직접 보고하는 경우가 많았다. 이때부터 알 수 없는 버릇이 생겼다. 새벽 3~4시면 눈이 저절로 떠진다. 아마 사장 지시를 받는 순간부터 고민이 시작되기 때문일 것이다. 정해진 시간에 일을 마무리하려면 도저히 잠을 제대로 잘 수가 없다. 수면 중에도 머리는 항상 깨어 있는 느낌으로 자연스럽게 새벽에 눈이 떠지게 된 것이다.

다행히 고민하던 일에 해결책이 생기면 잠을 잘 수 있는데, 그렇지 않으면 회사에 출근해서 상사에게 조언을 구하기도 하고, 직원들과 아이디어를 모아서 해결하곤 했다. 이렇게 반복된 일을 하다 보니 나도 모르게 생각하는 힘이 길러진 것 같다. 생각하는 힘을 키우려면 많이 보고, 듣고, 토의하고 읽어야 한다. 지식이 쌓여야 지혜가 되는 것처럼, 입력이 많아야 좋은 결과를 기대할 수 있다.

셋째, 비판적인 사고를 한다. 어떤 사고가 발생하면, 발생한 사고에 대해 다양한 해석이 나온다. 액면 그대로 받아들이면 하수다. 모든 사안에는 진실과 거짓이 포함되어 있다. 특히 TV 방송은 거짓이라도 진실처럼 보이는 엄청난 파괴력을 갖고 있다. 결코, 방송이 모두 진실이 아님을 알아야 한다. 진실은 소수 몇 사람만 알고 있다. 이러한 진실이 각색되고 윤색되어 방송이나 언론에 표출되는 것이다.

기업 홍보실은 소비자에게 호감을 유발하는 이미지 홍보에 주력하는 부서다. 하지만 회사에 나쁜 영향을 미치는 뉴스가 외부로 노출되지 않도록 방어하는 역할도 수행한다. 발생한 사실을 약간 미화해 최대한 부드럽게 처리하는 경우가 종종 생긴다. 이 또한 홍보실 역할이다. 이러한 활동을 통해 소비자로 하여금 우호적인 감정을 갖게 한다.

조직의 모든 정보가 집중되는 리더에게 비판적 사고가 부족하면 문제가 발생하기 쉽다. 사실 파악조차 제대로 못 해 엉뚱한 대책을 세운다면, 해결 방안을 잘못 수립하게 될 것이다. 그래서 리더와 수장이 중요한 직책이라는 점을 강조한다. 젊을 때부터 생각하는 힘을 키워야 미래 리더로서 우뚝 설 수 있다.

4차 산업혁명 보고서 #1 ——————

1. 일자리를 로봇에 빼앗긴다고?

2016년 세계 경제포럼의 '일자리 미래(The Future of job)' 보고서에 의하면 2020년까지 5년간 일자리 700만 개가 없어지고 200만 개가 새롭게 생겨서 결국은 500만 개 일자리가 사라진다고 발표했다.

4차 산업혁명이 본격화되면 인간 일자리가 사라지는 현상이 두렵다. 과학기술이 발전하면서 공장이 자동화되고 기계를 이용한 첨단도구 등장으로 인간 일자리가 대체되는 것을 계속 지켜봤기 때문이다.

2030년이면 현재 직업의 85%가 사라진다. 미국 컨설팅

회사 오피마스는 핀테크 발달로 2025년까지 전 세계 은행원 23만 명이 사라질 것으로 전망했다. 영국 일간지 〈가디언〉은 향후 20년 안에 전 세계 노동 인력 30~50%를 로봇이 대체할 것이라 내다봤다. 지금 초등학생들이 성인으로 성장했을 때, 직업군의 약 65%가 새롭게 생긴 직업을 갖는다는 예측이다.

최근 호텔에 로봇이 등장했다. 호텔은 주로 잠 자는 곳으로, 누구와 왔는지를 밝히고 싶지 않은 곳이다. 종업원들이 손님을 기억하는 것이 꽤 불편할 수 있다. 로봇이 응대한다면 자신이 노출되지 않아 좋아할 손님들이 있을 것이다. 로봇 사용으로 인건비도 절감할 수 있어 일거양득 효과다. 호텔과 같은 숙박업소는 로봇 도입이 많아질 추세다.

전문성이 좀 떨어지고 단순 반복적인 업무들은 급속히 로봇으로 대체된다. 왜냐하면, 아무리 단순한 업무라도 사람들을 교육해야 하고, 어느 정도 숙련 수준까지는 시간과 돈이 들어간다. 로봇은 교육 훈련이 전혀 필요 없다. 단순 직업뿐만 아니라 인공지능의 발달로 의사, 신문기자, 변호사와 같은 전문 직종 직업도 줄어든다. 현재 상당수의 언론사가 로봇이 쓴 기사를 많이 활용하고 있다. 로봇 저널리즘 시대가 다가오면서 기자 일자리는 당연히 줄어든다.

미래에는 어떤 직업이 생존할까? 아마 선생님, 영업사원, 종교 지도자와 같은 직업이 살아남기 쉽다. 아무리 기계가 똑똑해진다고 해도 로봇 스승에게 공부하지는 않을 것이다. 물건을 판매하거나 서비스를 판매하는 영업직군도 로봇으로 대처할 수 없을 것이다. 로봇이 물건을 판다고 했을 때 과연 인간이 물건을 살까? 목사나 스님과 같은 종교인도 로봇이 대처할 수 없는 인간의 고유영역일 것이다.

인간 일자리를 빼앗은 로봇에게 사람 대신 세금을 징수하자는 주장이 늘었다. 여러분들 생각은 어떤가? 나는 처음에는 말이 안 된다고 생각했다. 지금은 인간 일자리를 대체한 로봇은 세금을 내야 당연하다고 주장한다. 앞으로 로봇이 인간의 일자리의 약 40% 정도를 대체하게 되어 엄청난 실업이 발생할 것이기 때문이다. 약 40%의 실업률은 노숙자를 양산하고, 이에 따른 범죄가 증가하고 폭동이 발생하는 사회 현상으로 인간들에게 엄청난 고통을 줄 수 있기 때문이다.

지금으로선 미래 직업이 어떻게 변화가 될지 예측이 어렵다. 고속도로가 처음 개통되었을 때는 지금의 비행기 스튜어디스와 같이 안내양이 탑승해 고속버스 안에서 교통안내와 물이나 과자와 같은 간식거리를 제공했다. 그 당시의 수많은 버스 안내양은 어떤 직업으로 대체되었을까? 아마도 골프장 캐디나 아니면 전화 상담원 등의 직업으로 바뀌었을 것이다.

로봇에게 걷은 세금은 사람들을 재교육시키거나 인간들 일자리를 창출할 수 있는 새로운 산업을 발전시키는 데 투자 자금으로 사용될 것이다. 로봇을 사용하는 기업들이 로봇 세금을 내게 하자. 모든 기업이 기계와 사람 가운데, 어느 쪽을 쓰는 게 유리한지 따져본 후에 투자 여부를 정할 것이다. 로봇 세금을 무겁게 부과하면 그냥 사람을 쓸 것이다. 미래에도 국가 정책의 중요성은 강조될 것이다.

2. 인공지능, 공존 및 경쟁

1996년 2월 IBM사가 만든 슈퍼컴퓨터 딥 블루(Deep Blue)가 체스로 인간과 최초로 대결을 벌였다. 세계 체스대회에서 12년간을 우승한 게리 카스파로프와 체스경기에서 3승 2무 1패로 승리했다. 하지만 게리는 AI, 인공지능에 1패 당했다며 자존심을 구겼다고 소감을 밝혔다. 이윽고 1년 뒤 재대결에서 1승 3무 2패로 게리는 또 패배했다. 그 이후 체스 게임에서는 인공지능을 이기는 사람을 볼 수 없었다. 당시 슈퍼컴퓨터는 매초 2억 개의 수를 분석하고 20수 앞을 내다보며 게임을 진행했다. 계산속도가 인간보다 7,000만 배 이상 빨랐다고 하니 경쟁이 될 수 없었다.

또한 인공지능은 인간과 포커게임에서도 결국 승리했다. 포커게임은 포커페이스라는 말이 있듯이 패를 속이는 인간만의 감정을 포함한 경기다. 이조차 인공지능이 승리를 거두었다.

2011년 IBM의 왓슨 인공지능 컴퓨터가 미국 유명한 퀴즈쇼 제퍼디(Jeopardy!)에서 당대 최고의 퀴즈 왕들과 대결에서 1등을 하면서 세상을 놀라게 했다. 미국 컴퓨터 회사 IBM이 만든 자연어 처리가 가능한 인공지능 왓슨(Watson)은 사람 말을 알아듣고 짧은 시간에 답을 말했다. 왓슨은 IBM 초대회장인 이름인 왓슨에서 따 온 것이다. 왓슨은 내장된 데이터베이스 검색을 통해 3초 이내에 답했는데, 단순한 언어 인식이 아니고 핵심단어들의 연관 관계를 유추하는 방식이었다. IBM은 대형 컴퓨터를 만든 회사였지만, 오래전부터 인공지능을 연구해왔다.

IBM 왓슨은 의학·법률·금융·유통 등에서 두각을 나타

낸다. 특히 암 진단 분야에 탁월했다. 우리나라 가천대학 길병원에서 왓슨을 암 진단에 처음 도입한 후, 지금은 대부분이 대형 의료기관에서 도입해 사용이 늘고 있다.

왓슨은 딥 러닝 기술을 통해 데이터 속에 패턴을 발견하고, 이런 패턴 인식을 통해 X-ray 촬영, 컴퓨터 단층 촬영과 같은 영상 진료 이미지를 입력하면 사람보다 훨씬 빠르게 환자의 병을 정확하게 진단한다. 의료 분야 논문 2,000만 건을 학습해 명의조차 알아내기 힘든 어려운 특수 질환도 알아낸다. 암 진단 정확성이 무려 96%를 넘는다고 한다.

왓슨은 의료뿐만 아니라 금융·법률에서도 두각을 나타내고 있다. 노래를 만들어 왓슨에게 분석을 요청하면 히트곡이 될 확률이 얼마인지를 알려준다. 또한, 특정 지역의 범죄 발생할 확률이 얼마인지도 알려준다.

미래는 사람들이 왓슨에 의존하지 않고서는 살기가 힘들 것으로 예측한다. 아쉽게도 최근 IBM의 인공지능 관련 인재들이 퇴사한다고 알려졌다. 따라서 앞으로도 계속 인공지능 분야에서 IBM이 주도하게 될지 모르겠다. 투자의 귀재 워런 버핏도 IBM 주식을 매각했다는 말에 필자도 주식을 팔았다.

2016년 3월, 우리나라 이세돌 9단과 구글의 알파고와 세기적인 바둑 대국을 벌였다. 바둑은 가로, 세로 각각 19줄로서 경우의 수가 12만 9,960가지다. 컴퓨터가 인간을 이길 수가 없다고 판단했는데 결과는 의외였다. 이세돌 9단이 패했다. 알파고는 하루에 3만 대국씩 스스로 경기를 통해 학습하는 과정을 거쳤다. 딥 러닝 기술로 컴퓨터가 스스로 생각하고 판단할 수 있는 기술이다. 알파고는 2017년 중국의 커제 9단도 이겼다.

2019년 12월 한국의 인공지능 바둑인 한돌과 이세돌 구단 은퇴 기념 바둑대국은 한돌이 2:1로 이기면서 또 한번 관심이 집중되었다.

인공지능은 인간 영역인 예술까지 넘보고 있다. 음악가가 베토벤 음악 풍을 익히는 데 평생이 걸린다. 그러나 인공지능은 세계 3대 음악가인 베토벤, 모차르트, 바흐의 음악 풍을 다 혼합한 새로운 풍의 음악을 작곡할 수 있다. 그림 또한 피카소와 렘브란트 화풍으로 완벽하게 그려내고 있고, 앞으로는 이런 특색 있는 화풍을 결합해 새로운 인공지능 화풍도 만들어낼 수 있다. 인간 전유물이었던 예술분야까지 인공지능이 장악할 날이 얼마 남지 않았다.

3. 혁신적인 미네르바 학교 출현

수백 년을 이어온 대학교육 체계를 송두리째 바꿀 수 있는 혁신적인 학교가 나타났다. 2011년에 설립한 미네르바 스쿨(Minerva School)이다. 온라인 강좌를 기반으로 세워진 미네르바 스쿨은 2014년부터 입학생을 받기 시작했다.

하버드 대학보다 입학이 더 어려운 미네르바 스쿨은 스타트업 기업처럼 투자를 받아 개교했다. 2017년 2,100명 중 입학생이 220명으로 지원자가 매년 늘어나서 경쟁률이 계속 올라가고 있다. 교수진은 50명으로 교수 지원자들도 경쟁이 치열하고, 등록금은 1년에 1만 2,500불로 하버드와 비교하면 25% 수준이다. 가르치는 과목은 사회과학, 비즈니스, 예술 등 총 5가지다. 원리이해와 구조적으로 가르치는데 비판적 사고, 창의적 사고, 정확하고 잘 소통하는 교육이 중심이다. 한마디로, 미래 창의적 글로벌 인재를 양성하는 것이다. 학생들은 미국 출신 25% 외 모두 다양한 국적 학생들로 세계 각국에서 참여한다. 미네르바는 캠퍼스가 없는 대학이다. 6개월마다 세계 7개 도시를 순방하면서 동기생들과 기숙사 생활을 하면서 수업을 진행하고 있다. 샌프란시스코, 런던, 베를린, 부에노스아이레스를 거쳐 한국에서도 수업했다.

2017년 9월에 서울이 캠퍼스가 되었는데 250명의 학생이 4개월간 서울에 머물면서 기업과 다양한 사회기반을 경험하고 현장에서도 배울 수 있게 했다. 이렇게 세계 주요 도시를 돌아가면서 하는 이유는 글로벌 인재를 육성하기 위함이다. 즉, 대학생 시절에 7개 국가에서 유학한다는 경험을 가지게 되는데, 이를 통해 해당 국가 인프라, 문화 등을 자연스럽게 체험하게 된다. 통상 유학과는 다르다.

미네르바는 100% 온라인 수업으로 진행되는데 인터넷 강의처럼 일방적인 강의에서 벗어나 양방향으로 수업이 진행된다. 온라인 강의라 학생 수는 무한대로 받을 수 있으나, 수업 받는 인원을 20명 이하로 제한한다. 교수들이 철저히 관리할 수 있는 소수 인원으로 운영하기 때문이다. 학생 개인별로 몇 번 질문하고 답했는지 통계가 다 나오기 때문에 교수들은 모든 학생에게 공평한 질문을 통해 소외되는 학생이 없게한다.

세미나 중심 수업 방식과 영상으로 학생들이 공부하는 모습을 다 볼 수 있어서 수업에 집중하지 않을 수 없는 시스템이다, 모든 수업은 녹화되고, 정확한 피드백이 가능해서 온라인을 활용하는 것이다. 학생들은 방학 때 구글, 아마존과 같은 혁신기업에서 인턴십을 하는데, 모든 기업이 대만족이다. 입학 당시부터 우수한 학생을 선발하는 것도 있지만, 우수한 교수진과 학생들이 머리를 맞대고 가르치고 토의하는 과정에서 많은 것을 습득한다.

우리처럼 교수가 일방적으로 설명하고, 토론도 없는 수업으로 학생들의 창의성이 길러질까? 요즘 대학을 보면 학생들 교육을 위한 분위기보다는 교수들 일자리를 주는 느낌이 든다. 물론 다 그런 것은 아니지만, 우리 대학도 철저하게 자유경쟁 체제를 도입해 교수들 철가방을 빼앗아야 한다. 그래야 우리 젊은 학생들 미래가 다소나마 개선되지 않을까 생각한다.

Industry 4.0

4차 산업혁명 시대,

돈 버는 방법을 바꾼다!

Industry 4.0

4차 산업혁명 시대 상위 1%, 골든타임을 잡아라

1

돈 버는 방법을 바꿔야
성공에 다가간다

'초고령화 사회(Super-Aged Society)로 진입하는 데 불과 7년여 남았다.' 정부는 우리나라 고령화 추이를 분석하고 그 대책이 시급하다고 발표했다. 만 65세 이상 인구가 대한민국 전체 인구의 20% 이상 차지할 때를 초고령사회에 진입했다고 분류한다. 산업연구원(KIET)은 OECD 다른 회원국과 비교했을 때, 우리나라 고령화가 약 2배 이상 속도가 빠르다는 결과를 도출했다.

과거보다 긴 생애를 살아가는 초고령화 사회에서 중요한 수단은 무엇인가? '돈'이 가장 필요할 것이다. 국가나 사회가 움직이는 원동력은 경제력, 바로 돈이다. 개인이 노동력을 제공하고 그 대가로 재화(財貨)인 돈을 받는다. 기업은 돈을 지급하고 개인의 노동력을 얻는다. 이렇게 개인과 기업들의 상호 경제활동으로 사회 시스템이 돌아간다.

아무런 대가 없이 무턱대고 일할 사람은 아무도 없다. 세계 경제가 돌아가는 메커니즘을 알면, 더욱 쉽게 돈을 벌 수 있다는 것을 인식하고 기본 공식을 깨우쳐야 한다. 그래서 경제개념, 즉 정당하고 합법적으로 돈을 버는 방법을 배워야 한다. 무작정 노력만 한다고 부자가 되기 어렵기 때문이다. 어릴 때 돈에 대한 올바른 철학을 세우는 일이 중요하다. 우리나라는 유교 영향이 남아서 그런지 어릴 때부터 돈 버는 방법을 가르치는 가정들이 거의 없는 것 같다. 돈 버는 일보다 체면을 중요시하는 풍조가 많이 남아 있다.

공부하라는 잔소리만큼 돈에 대한 올바른 철학을 심어주면 좋겠다. 어릴수록 돈 버는 방법에 대해 제대로 알려주면 자녀들 삶이 훨씬 윤택해질 수 있을 것이다. 즉, 공부를 잘하기 위해 과외나 학원에 보내는 것보다는 돈과 경제에 관련된 사교육을 받게 하는 게 훨씬 투자 효율이 높지 않을까 한다.

미국 인구에서 유대인은 겨우 2%다. 소수 유대인이 미국 국민 총소득 15%를 벌어들인다. 미국 100개 기업 중 약 40%가 유대인이 기업을 소유하고 있거나 최고경영자로 활약한다. 유독 유대인들이 금융 리더가 많고 어떻게 돈을 많이 벌 수 있는 이유는 뭘까? 그것은 그들이 아기를 재울 때 부르는 "싸게 사서 비싸게 팔아라(buy low sell high)"라는 자장가만 들어도 안다.

유대인 부모들은 아기 때부터 금융에 대한 강한 인식을 심어주기 때문이다. 그리고 어릴 적부터 종잣돈을 대 주고 직접 투자해서 돈을 벌어

보도록 한다. 번 돈은 가난한 사람들이나 이스라엘 평화기금을 내게 한다. 그러다가 18살 성인이 되면 경제적으로 독립할 수 있게 한다.《탈무드》를 보면 재산이 많아지면 그만큼 근심이 늘어나지만, 재산이 전혀 없으면 근심이 더욱더 많아진다고 적혀 있다. 돈은 선한 사람에게는 좋은 선물을 주고, 악한 사람에게 나쁜 선물을 준다고 덧붙였다.

어릴 때부터 돈에 관련된 교육이 얼마나 중요한지 알 수 있다. 문제는 우리나라 부모들이 투자에 대해 무지한 사람들이 많다 보니 저금이나 적금이 안전하다고만 한다. 돈 버는 방법을 자식들에게 전수해줄 실력이 없는 것이다. 학교 성적이 좋고, 좋은 대학을 나왔다고 사회적 지위도 얻고 자연스럽게 돈을 버는 세상은 더는 존재하지 않는 게 4차 산업혁명 시대의 미래다. 청년들이여, 미래에 생존할 수 있는 돈 버는 공부를 지금이라도 바로 실행하라.

35세까지 가난하다면 자기 책임이다

가난한 것을 남 탓이라고 생각하면 영원히 가난에서 탈출하기 어렵다. 내가 가난하다고 해서 다른 사람이 도와주지 않는다. 누구나 가난하게 살고 싶지 않지만, 어떻게 하겠는가? 지금은 고도 성장기도 아니고 기득권 세력들이 부를 움켜쥐고, 기를 쓰고 자식들에게 대물림한다.

그러나 주변을 돌아보라. 견디기 힘든 현실 속에서 자기 힘으로 모든 불가능을 물리치고 가난을 벗어나 성공한 사람들을 볼 수 있다.

요즘 온라인, 유튜브의 발달로 어린아이들도 돈을 벌 수 있는 시대가 왔다. 우리나라뿐만 아니라 글로벌 대상으로 사업을 펼칠 수 있다. 물건을 팔든지, 서비스를 팔든지 차별화된 아이디로 사람의 이목을 끌수 있다면 하루아침에 대박이 가능한 시대다. 절대 남 핑계를 대면 안된다. 자기가 처한 현실을 인정하고 자신이 어떻게 살아야 할지 고민을 많이 해야 한다.

우선 배워야 하고 알아야 한다. 최소한 자신이 하고자 하는 분야에 전문가가 돼라. 요즘은 돈이 없어도 원한다면 무슨 공부든지 가능하다. 경제 지식이나, 돈 버는 방법도 습득할 수 있는 시대다. 그런데 가난을 벗어나지 못하는 이유가 무엇인가? '다른 사람보다 제대로 할 수 있는 기술이나 전문성이 없다'라는 사실을 깨달아야 한다.

인간은 누구나 머릿속이 비어 있는 상태에서 태어난다. 태어난 후, 어떠한 지식과 경험이 머리에 저장되는지에 따라 인생이 바뀐다. 알리바바 전 회장인 마윈은 "35세까지 가난하다면 자기 책임이다"라고 말했다. 돈을 벌고 싶으면 돈이 가장 몰리는 분야에서 놀아라. 열심히 돈과 경제, 금융을 공부하면서 친구를 만들어야 한다. 돈을 벌고 싶다면 절대 돈 없는 곳에서 시간 낭비하지 마라.

시대에 맞는 돈벌이 방법을 배운다

요즘 젊은 세대뿐만 아니라 아이들까지 유튜버로 나선다. 2019년 한해 303억 원의 수입으로 세상에서 가장 돈을 많이 번 사람은 놀랍게도 8살 아이였다. AFP통신에 의하면 라이언 카지(Ryan Kaji)는 2018년에 약 256억 원의 수입을 올린 최고 수입 유튜버로 유명하다. 유튜브 채널 '라이언의 세계(Ryan's World)'는 새로 나온 장난감을 소개하는 채널이다. 전 세계 구독자가 2,290만 명으로 5년간 누적 뷰가 350억 건에 이른다. 유튜브 수입 2위 채널은 듀드 퍼펙트(Dude Perfect)로 2019년 수익이 약 233억 원에 달한다. 헬리콥터에 탄 채로 농구 골대에 공을 집어넣는, 스포츠 예능 쇼를 펼치는 채널로 2018년 3위에서 2위로 올라섰다. 3위는 놀랍게도 러시아 5살 소녀로 약 209억 원을 벌었다. 1인 미디어 열풍이 전 세계를 강타하고 있다.

유튜브를 통한 마케팅이 폭발적으로 주목받고 있다. 전 세계 인터넷 사용자들이 시청자로서 하루에 20억 명 이상이 유튜브를 시청한다. 광고 효과 역시 강력하다. 동영상으로 진행하다 보니 언어장벽을 넘어서는 장점이 있다. 유튜브 마케팅, 개인이 경험하고 시도할 만한 분야로 강력하게 추천한다.

그러나 좀 더 먼 미래에는 광고를 보면서 물건을 구매하지 않는 시대가 도래한다. 인공지능인 개인 비서가 주인이 요구하는 물건을 뒤져서 구매해주기 때문이다. 가령 치약을 사고 싶다고 인공지능에게 말하면 그걸로 끝이다. 인공지능이 주인 구강 상태에 맞는 치약을 전 세계 치약회사 관련 네트워크에 연결해 정보를 입수한다. 성능과 기능, 합리적인 가격까지 치약을 주인에게 소개해 구매할 수 있도록 도와준다. 따라서 인간에게 광고할 이유가 없어진다. 인공지능끼리 서로 소통해도 충분하기 때문이다.

기술 발전으로 사회구조가 바뀐다. 시대 흐름에 돈 버는 방법도 달라야 한다. 다가오는 미래를 예측해서 선점한다면 부를 축적할 수 있다. '시대가 변해도 돈 버는 방법은 있다'라는 것을 기억한다. 시대 변화를 읽는 노력이 필요하다.

평생 돈 버는 시스템을 구축한다

상상하지 못한 인간 수명 연장으로 미래는 돈과 생존이 직결된다. 인간답게 살면서 본인이 하고 싶은 꿈을 이루기 위해서도 돈은 더욱 필요하다. 사람은 보통 인생 1막인 60세까지 일해서 돈을 벌 수 있다. 은퇴하면 수입이 급격히 감소하거나 없어지는 게 당연하다. 만약 수명이 120세 이상으로 연장된다면 어떻게 대처하나? 거의 은퇴 후 60년을 벌어들이는 수입 없이 남은 삶을 지탱해야 한다. 어떻게 살 것인지, 정말 심각하게 고민해볼 문제다. 은퇴 후에도 지속적인 수입이 들어와야 생존 가능한 시대다.

죽을 때까지 지속적인 수입을 가지는 방법은 없는가? 방법은 투자다. 지금 청년들은 기성세대와는 다르다. 청년에게 투자는 선택이 아니고 필수다. 투자를 공격적으로 할 것인지, 수비적으로 할 것인지를 각자가 판단한다. 아마 보통 사람들은 수비적인 투자를 선호하겠지만, 청년들은 좀 더 공격적인 투자도 좋겠다.

한국에서 부자 소리를 들으려면 얼마 정도 자산을 가져야 할까? KB 금융이 발표한 2019년 부자 보고서에 의하면 총자산 67억 원 이상 또는 금융 자산 10억 원 이상 있는 사람들을 부자라고 설명한다. 2018년 기준 32만 3,000명으로 0.6% 수준이다. 연평균 소득 2억 2,000만 원, 최소한 월 500만 원 이상은 저축 여력이 있어야 한다. 근로소득은 63%, 이자 및 임대 기타 수익은 32%다. 이 정도 소득을 만들려면 대기업 임원, 중소기업 사장, 그리고 개원 의사 정도라고 한다.

우리나라 부자 비결은 사업소득 47%, 부동산 투자 21%, 상속 및 증여 15%, 근로소득 12% 순이다. 부동산 비중이 약 53.7%, 금융 자산 약 39.9%라고 밝혔다. 우리나라 가계 금융 자산 비중을 보면 현금과 예금이 약 45%, 노후준비를 위한 보험과 연금이 30%, 주식과 펀드 비중이 20%를 조금 넘고 있다. 결론적으로 30~40대에 사업을 하거나, 투자에 성공해야 50대 이후 부자가 될 수 있다는 소리다.

70세 이상 고령 인구가 많은 일본의 경우에는 투자 위험이 큰 주식이나 펀드 비중이 15% 정도로 낮은 편이다. 그만큼 안전자산을 선호한다. 반면에 미국은 현금과 예금 비중이 15%로 매우 낮고, 주식과 펀드 자산이 50%를 넘는다. 미국은 세계 최고의 금융 강국으로 저금리 기조를 지속하고 있다. 미국 내 금융 투자 회사들이 자금 운용을 잘하는 결과로 여겨진다.

젊은 층이라면 미국처럼 투자 수익률을 높일 수 있는 주식이나 펀드 비중을 높여야 하겠지만, 아직도 안전자산을 선호한다. 일부 부모 세대들은 주식을 해봤으나 이익보다는 손실 경험이 커서 자식들에게 절대 주식을 하지 말라고 말린다. 사람마다 금융 투자 성향이 달라서 딱히 권할 말이 없다. 저금리 시대에 너무 안정적인 투자로는 가난하게 살 확률만 높아질 게 뻔하다.

대학생이나 신입사원들 대상으로 강의할 때 '재산이 얼마 정도 있으면 좋겠냐'고 물어보면 보통은 10억 원이라고 대답한다. 일부는 30억 원까지 대답했었다. 현재 가치로 따져서 10억, 30억, 50억, 100억 등 어느 정도로 할 것인지 여러분 스스로 목표를 정해볼 필요가 있다. 나이별로 목표를 정해보면 처음에는 막연할 수 있으나, 목표를 설정해본 사람과 그렇지 않은 사람들과는 노후에 많은 차이가 있을 것이다. 왜냐하면, 목표를 설정한 사람은 돈의 중요성을 더 잘 알기 때문이다.

30대는 공격적 투자, 60대 안정적 투자다

공격적인 투자로 손실을 보더라도 젊을 때는 만회가 가능하다. 은퇴 이후 소득이 없는 사람들은 안정적 투자 비중을 당연히 높여야 한다. 여기에는 투자자 자신들의 금융 성향도 고려해야 한다. 안정적인 것을 선호하는 사람들은 매일 변동성이 큰 투자를 피해야 한다. 생업에 방해될 정도로 금융 투자 위험이 큰 투자는 비중을 줄이기를 권한다. 포트폴리오는 대개 현금성 자산, 장기적인 관점에서 보는 부동산, 그리고 변동성은 크기만 큰 투자 이익을 얻을 수 있는 금융 상품에 투자하는 방식이다.

나이에 따라서 투자 비율을 재조정해야 한다. OECD 산하의 금융 교육 국제 협의체 지침을 보면 금융 지식, 행동, 태도 3가지 요소가 적절히 균형을 잡도록 제시한다.

금융 지식은 금융에 관련된 직접적인 지식을 갖추는 것이 우선이다. 그 지식을 바탕으로 실제 투자 행동에 나서는 단계는 그다음이다. 금융 공부를 통해 돈을 버는 가치관을 확립하고 투자 방법에 대한 선호도를 결정한다. 투자하기 전에 반드시 금융 공부가 중요하다. 체계적이고 제대로 금융 공부를 위해 발품을 팔아보자.

대개 금융 회사들은 자신들 금융 상품을 판매하기 위해 고액자산가 고객들을 초대해서 경제 동향이나, 금융에 관련된 세미나를 연다. 하지만 영업적으로 진행해서 참여에 한계가 있다. 따라서 청년들은 금융 동아리에 가입해 실제 정보를 나누고, 공부도 같이하고 일부 투자하는 방법이 좋을 듯하다.

국가 차원에서 최소 중학교 때부터 교과과정으로 금융에 대해 교육이 필요하다고 느낀다. 다만 정부에서 관심이 없으니 기대할 수 없다. 그나마 좋은 방법은 금융 관련 서적들을 많이 읽거나, 요즘은 유튜브에 금융 강좌나 정보 제공을 하는 곳이 많으니 공부하면 된다.

금융업에 종사하는 사람들과 사귀어보는 것도 좋다. 돈을 벌려면 부자들과 사귀라는 말이 있듯이, 금융인들과 사귀면 아무래도 많은 정보와 지식을 얻을 수 있다. 금융 전문가들과 사귀려면 최소한의 금융 지식이 있어야 대화가 될 것이다. 최소한 회사 재무제표 정도는 볼 줄 알아야 한다. PER, PBR, EPS, 숏 커버링, 전환사채 등과 같은 금융 용어 개념 정도는 알아야 경제흐름도 이야기할 수 있지 않을까?

일반인이 전체 금융 시스템에 관련된 전문지식을 습득하기란 쉬운 일이 아니다. 그러나 힘들어도 금융 공부를 꾸준히 하다 보면, 상당 수준까지 올라간다. 금융 시장은 세계 최고 전문가와 금융 지식이 전혀 없는 사람들이 혼재되어 있다. 남의 돈을 합법적으로 뺏어오는 피도 눈물도 없는 정글 지대임을 항상 인지해야 한다.

금융 시장은 상대편 사정을 절대적으로 봐주지 않는 철저한 약육강식 지역이다. 금융 후진국 사람들이 열심히 일해서 번 돈을 금융 강국들이 힘 안 들이고 빼앗아가는 것을 보면 너무 억울하지 않겠는가? 주식을 해서 돈을 번 사람이 있다면 반대편에서 누군가는 돈을 잃어버린 것이다. 여러분들은 어디에 속하고 싶은가?

2

금융 공부는
선택이 아니라
필수다

모든 사람은 투자를 잘해서 돈을 벌고 싶어 한다. 그러나 생각과 다르게 대부분이 손실을 본다. 왜 그럴까? 금융에 대한 지식, 전문성이 없는 것이 원인이다. 금융 지식이 없다 보니 금융 전문가들에게 의존한다. 문제는 여기서 발생한다. 금융 전문가들은 일반인들의 투자를 받아서 돈을 버는 사람들이다. 결국, 자신들의 돈을 벌기 위해서 일반인들에게 투자를 권유하고 있다는 점을 명심한다. 펀드 투자 경우는 자신이 투자해놓은 돈이 수익이 나든, 손해를 보든 매년 은행 이자만큼 수수료는 내야 하니 참으로 억울하다.

금융 종사자들은 투자 수익을 올려야만 하는 전문가들이다. 하지만 이들도 지속해서 투자 성공률을 높이는 것은 어렵다. 왜냐하면, 단기적으로 수익을 올려야 해서 큰 흐름을 놓치는 경우가 많다. 청년들이 사업을 하든지, 직장생활을 하든지, 금융 관련 지식은 삶의 질에 중대한 영향을 미친다. 반드시 금융 공부가 필요하다.

우리나라 사람들은 어릴 때부터 직접 투자를 경험한 사람들은 거의 없다. 직장에 들어가서 월급 받거나 돈을 벌기 시작하면서 투자에 관심을 가진다. 문제는 금융 지식이 부족한 상태에서 주식 같은 투자에 뛰어드니 아무래도 성공보다는 실패가 많다. 더군다나 짧은 기간 내 고수익을 원하는 투기성 투자에 잘못된 습관까지 가지게 되는 경우도 많다.

취업포털 '잡코리아'에서 직장인들 재테크 관련 설문 조사 결과를 보면, 직장인 중 절반 이상인 56.9%가 재테크에 나섰다. 20대가 약 50%, 30대가 약 61%, 40대가 약 57%로 30대가 가장 많다고 조사했다. 그러나 재테크 방법에서 예금과 적금이 약 81%로 압도적이었다. 뒤를 이어 주식 24%, 펀드 23%로 선택했다. 재테크 정보 취득 경로는 인터넷 32%, 금융 기관에서 25%를 얻고 있으며, 재테크 규모는 월급에 10~20% 수준이었다. 또 노후자금 36%, 내 집 마련이 28%로 주로 장기적인 목돈 마련에 주력하는 경향을 보여서 그나마 다행스럽다.

투자 방법은 참으로 다양하다. 가장 안정된 투자는 은행에 저금하거나 적금을 붓는 방법이다. 너무 안정적인 투자에 의존한다는 것은 금융 관련 지식이나 전문성 부족의 방증이다. 과거 고도 경제 성장시대에는 1년에 이자만 10% 이상이었다. 원금도 보장되면서 이자 수익까지 얻을 수 있는 가장 안정된 재테크 방식이었다. 그러나 지금은 2~3%의 저금리 상태다. 여기에 이자까지 소득으로 쳐서 세금이 또 붙는다. 즉 은행에 넣어둔 목돈에 이자가 붙어 돈이 불어나는 것 같지만, 사실 인플레이션 때문에 돈의 가치는 매년 떨어지므로 결국 손해에 가깝다는 계산이 나온다.

한국은행 경제통계 시스템에 의하면 2017년 은행 평균 수신 금리는 연 1.48%였다. 소비자 물가 상승률이 2.2%로 실질금리는 −0.72%로 실제 적자를 봤다. KB증권 분석에 의하면 실질금리가 마이너스인 경우는 2004년 7~10월, 2009년 2~4월, 2011년 2~9월 등 3번이었다. 항상 실질금리가 적은 것은 아니지만, 은행예금으로는 원하는 투자 이익을 얻기는 불가능하다. 그래서 투자 위험이 크지만, 고수익을 위한 채권이나 주식 또는 부동산, 그리고 더 전문적인 분야인 원유나 금과 같은 현물 투자 검토가 필요하다.

부동산, 주식에서 큰 수익 난다

정부가 돈을 찍어내어 시중에 돈이 많아지는 한, 부동산의 실물가치는 계속 올라간다. 인플레이션 결과다. 필자가 어릴 적 라면 한 봉지 가격이 15원인가로 기억한다. 지금 800원 한다면 거의 50배 이상 오른 것이다. 회사 입사 전에 워낙 가난해서 월급을 받으면 거의 60% 이상을 저금했다. 돈을 빌려본 적이 없었다. 그만큼 가난은 어린 시절에 '나'라는 존재가치를 잊게 했다. 가난했던 기억이 깊숙이 뿌리박혀 어른이 되면 절대 가난하게 살지 않겠다고 맹세했다. 그만큼 삶의 목표가 뼛속 깊이 자리 잡고 있었다.

80년대 말은 부동산이 천정부지로 오른 시절이었다. 당시에는 주머니에 종잣돈조차 없었고, 부동산에 대한 지식도 전혀 없었다. 하지만 당시 살았던 20평짜리 집보다 큰 집을 사겠다는 꿈이 있었다. 아파트 붐이 일었던 때라 주변 여기저기에서 아파트를 사들이기 시작했다. 부모가 돈을 줬는지 은행에서 돈을 빌렸는지 모르겠지만, 상당한 부채를 지고 아파트를 마구 매입했던 시절이었다. 그때는 아파트에 너무 많은 돈을 깔고 앉아 있는 것은 잘못된 투자라고 판단했었다.

회사에 입사한 지 4년 만에 살고 있었던 미아리 단독주택을 팔고 쌍문동에 2층짜리 40평 규모의 주택을 사서 이사했다. 모두 4가구가 함께 거주할 수 있는 집으로, 방이 6개나 있었다. 전체 4가구에서 3가구를 전세로 끼고 샀기 때문에 은행 빚 없이 살 수 있었다. 돈을 벌면 1가구씩 전세를 월세로 바꿀 계획을 세웠다. 머지않아 월세 수입도 들어올 것으로 기대했었다. 그러나 생각과 다르게 아파트 가격은 쑥쑥 오르는데 상대적으로 단독주택은 가격이 안 오르고, 거래도 안 되었다.

오래된 집이라 매년 유지보수 비용이 꽤 들어갔다. 설상가상으로 집터가 좋지 않았는지 회사에서 사표도 쓰게 되었다. 아들은 집 근처 도로에서 교통사고 당하고, 세입자와 법적 소송도 걸렸다. 엎친 데 덮친 격으로 이웃집과 심한 다툼을 하고 어머니까지 돌아가시고 말았다. 아무래도 흉가에서 살았다는 생각에 매입가만 받고 그냥 팔아넘겼다. 단독주택은 가격도 안 오르고 환금성도 떨어진다는 교훈을 얻고 바로 창동 삼성아파트로 이사했다. 다행히 과장으로 진급할 때까지 모아놓은 돈으로 빚지지 않고 이사 갔다.

1997년 외환위기로 나라 전체가 부도를 맞았다. 덜컥 국제통화기금인 IMF로부터 구제 금융을 받고 대한민국이 구렁텅이 깊숙이 빠졌다. 필자는 다행히 일 잘한다는 평가를 받고 있어 직장을 계속 다닐 수 있다는 것만으로도 감사했다. IMF 시기가 끝날 때쯤 큰 평수 아파트로 옮길 절호의 기회라고 판단하고, 송파구에 있는 올림픽 패밀리 아파트로 이사 계획을 세웠다. 실제 아파트 현장 매물을 수시로 보러 다녔는데 32평 아파트가 일주일 사이에 2,000만 원이나 쑥 올랐다. 아파트 매입가격이 2억 8,000만 원이었다. 수중에는 기존 아파트를 팔아야만 1억 5,000만 원을 겨우 만들 수 있었다. 1억 이상 추가로 마련할 방도가 없어 그만 포기했었다.

때마침 삼성건설에서 충정로 삼성아파트를 짓고 있었는데, IMF로 미분양 가구가 남아서 청약을 했었다. 44평 분양가가 2억 8,000만 원이었지만, 분기별로 분양대금을 나눴기 때문에 돈 문제의 어려움이 없었다. 충정로 아파트는 쌍문동 단독주택과 달리 터가 좋았는지, 부장, 임원 특진도 하고, 자식들도 대학에 순조롭게 들어갔다. 충정로 삼성아파트는 세계 최초 사이버 아파트로서 우리 아파트가 모델 하우스로 뽑혀 정통부 장관까지 집에 와서 시연하는 등 9시 TV 뉴스에도 방영됐다.

해외 방송사 CNN, NHK 그리고 국내 방송사들이 와서 촬영하는 등 한참 화제가 되어서, 집터가 중요하다는 생각을 하게 되었다.

마침내 임원이 되어서 삼성 서초사옥에서 근무했는데, 당시 삼성 구조조정본부 소속 임원 가운데 강북지역에 사는 사람은 나 혼자뿐이었다. 주위에서 강남으로 이사하라고 성화였다. 곰곰이 생각해보니 IMF 끝날 무렵 너무 올라서 매입하지 못했던 올림픽 패밀리 32평 아파트는 10억 원을 훌쩍 넘었다. 반면에 충정로 44평 아파트는 겨우 7억 5000만 원 수준이었다. 안 되겠다 싶어 강남으로 이사를 해야겠다고 마음먹었다. 당시 회사 근처 강남 우성 사거리에 있는 신동아 아파트로 2009년에 이사 왔다. 원래 생각은 삼풍 아파트나 진흥 아파트로 가고 싶었으나, 역시 돈이 부족해서 포기했다.

우성 사거리에 오래된 아파트 단지가 5곳 있었는데 신동아 아파트가 가장 저렴했다. 당시 10년 후에는 재건축되면 삼성물산이 삼성타운을 만들 계획으로 5개 아파트 단지를 통폐합할 것이고, 그러면 해당 지역 아파트들의 가격 차이가 없어져서 투자 가치가 가장 좋으리라 판단했다. 예측한 대로 재건축 붐이 일어나면서 아파트 가격이 급상승해, 은퇴 후 든든한 노후자산이 생긴 행운이 찾아왔다.

5년 전에 은퇴한 친분 있는 임원들에게 서초동 쪽으로 이사 오라고 조언했다. 너무 치열한 직장생활을 마친 후였는지 임원 대부분은 은퇴하면 공기 좋고 조용한 곳을 찾았다. 그저 친분 있는 임원들과 가깝게 살겠다고 용인으로 많이 이사해 자리를 잡았다. 당시 우성 사거리 지역과 용인 지역의 아파트 가격은 그다지 차이가 없었다. 지금은 2배 이상 차이가 난다. 한순간 잘못된 판단으로 자산이 2배 이상 차이가 나버린 것이다. 평생 부동산에서 재미를 보지 못했다고 생각했었는데, 그간 부동산 투자 경험이 마지막에 행운을 가져왔다. 남들이 보면 부럽겠지만, 긴 안목으로 전략을 잘 짜서 실천한다면 누구에게나 기회는 올 수 있다고 생각한다.

주식 이야기로 초점을 옮겨보자. 사실 주식 투자는 생각보다 어렵다. 생애 첫 주식 투자는 1987년 봄, 결혼 준비 자금으로 삼성전자 주식을 사면서 시작했다. 당시 주당 19,000원에 300만 원어치를 매입했다. 삼성전자가 특허소송에 걸리면서 9월에 15,000원까지 주식 가격이 뚝 떨어졌다. 그냥 주식을 매도할 수 없어서 그대로 가지고 있었다. 하필 결혼식 날짜와 거의 비슷한 시기에 걸렸다. 안타깝지만 결혼식은 할 수 없이 빚을 내서 치렀다. 그해 12월에 주식이 20,000원까지 다시 올라 겨우 팔아치웠다. 2019년 12월 현재 삼성전자 주식 1주가 약 300만 원 정도 하니 격세지감이다.

회사 다니면서 주식 투자를 조금씩 하다 보니 수익보다는 손실 없는 정도로 투자 성적을 유지했다. 주식 투자를 본격적으로 한 것은 2013년 초 퇴임 후, 임원 퇴직금 전체를 미국 아마존닷컴 주식을 매입하면서부터다. 3차 산업혁명 시대에 온라인 업체가 시장을 주도할 것이라는 판단이 맞아떨어진 것이다. 주식에서 많은 수익이 창출되다 보니 욕심이 생겼다.

테슬라 모터스, 태양광 발전소인 썬 에디슨, 마리화나 주식, 블록체인, 비욘드 미트, 3D 시스템 등 미래 산업 주식 위주로 투자하다 보니 투자 위험이 커졌다. 나름의 주식 투자 방법을 설명하면, 투자 대상 주식을 충분히 분석해 몇 종목을 분산해서 조금씩 매입해본다. 그러면 어떤 주식은 올라가고, 어떤 주식은 내려가는데, 내려가는 주식을 팔아서 올라가는 주식으로 집중하는 것이다. 생각보다 단순한 투자 방법이다. 그러다가 나름대로 확신이 생기면 한 종목에 몰방하는 전략이다.

2019년 12월 현재 미국 우주 회사 주식에 모두 넣은 상태다. 이 회사는 우주 및 지리 공간 정보회사로 전 세계 기업과 정부 상대로 우주기술 솔루션을 제공한다. 통신 및 이미지 위성, 위성 페이로드 및 안테나 하위 시스템, 우주 기반 및 항공 감시 솔루션, 로봇 시스템 및 관련 지상 인프라를 포함한 우주 및 지상 기반 인프라 및 정보 솔루션, 통신 및 감시, 지능형 서비스를 지원하는 회사로 직원이 6,100명이다.

미국 회사에 투자를 집중하는 이유는 한국은 경제 상황이 계속 좋지 않기 때문이다. 한국에서 매입할 만한 주식은 반도체 외에 보이지 않는다. 바이오 분야는 몇 번 투자했는데, 너무 위험성이 커서 큰 손실을 본 상태라 다시는 건드리지 않는다. 요즘은 주식 정보가 넘쳐난다. 투자 공부를 조금만 집중하면 좋은 주식을 발굴할 기회가 많다. 큰 욕심 부리지 말고 공부한다는 생각으로 여윳돈을 적금 들 듯이 투자해보면 언젠가는 성공할 것이다. 짧은 기간에 고수익 욕심은 화를 부른다는 점을 꼭 명심하고 긴 호흡으로 성공적인 투자를 하면 좋겠다.

배당주 투자도 공부해보자

청년들은 장기 투자용으로 주식 가격 변동성은 적지만, 현재 은행 금리보다 2~3배 높은 배당을 안정적으로 주는 주식을 공부해보면 좋겠다. 배당도 받는데 주식 가격까지 올라간다면 그야말로 꿩 먹고 알 먹고 아닌가? 그렇다면 그런 주식이 있는가? 대표적인 것이 어느 것인지 잠깐 소개할 테니 공부하는 데 도움이 되었으면 한다.

한국에서 대표적인 배당주는 SKT와 KT 같은 통신주와 S-OIL, 맥쿼리인프라이다. 특히 맥쿼리인프라는 2008년 2,400원 하던 주식이 끊임없이 올라 2019년 12월 11,600원까지 오르면서 매년 6~7%대의 배당금을 배당하고 있다. 배당받은 금액을 다시 해당 주식을 매입하면 복리이자 효과를 볼 수 있다.

미국 주식 중 안정적인 성장과 고배당이 예견되는 3개 업체를 알아보자. 미국의 최선호 배당 주식은 2019년 12월 기준 시가총액이 2,850억 달러인 통신 2위 업체인 AT&T로서 1.5억 명의 미국 무선 가입자를 보유하고 있다. 2001년 IT버블 붕괴 당시 주식 가격이 20달러까지 내려갔으나, 2016년 40달러까지 올랐다. 그러나 2018년 위성 TV업체인 Direct TV를 490억 달러, Time Warner 콘텐츠 업체를 850억 달러에 인수하면서 2019년 최저점 28달러까지 떨어졌다. 그러나 이 두 회사를 인수함으로써 통신회사를 벗어날 수 있다는 평가로 2019년 12월 39달러로 금년도만 해도 약 30%가 오른 안정된 주식이다. 배당은 36년간 연속으로 상승시켜왔는데 1, 4, 7, 10월 매 분기에 주당 0.52달러를 배당하는데 연배당률은 5.31%에 달한다.

두 번째는 석유 재벌인 엑손모빌로 37년간 꾸준히 배당액을 늘려왔는데 시가총액은 2019년 12월 기준 2,957억 달러다. 2014년 유가가 100불을 넘었을 때 주식 가격도 100달러가 넘는 최고가를 갱신했다. 2019년은 유가가 60달러 수준으로 떨어지자 순이익이 줄었다. 주식 가격도 66달러 수준으로 떨어졌었다. 최근에는 원유 생산량을 늘리면서 2019년 12월 주가는 70달러 수준으로 다소 회복했다. 유가에 절대적인 영향을 받는 주식이다.

일반적인 생각은 전기 자동차 출현과 환경문제 대두로 앞으로 석유 수요가 줄 것으로 예상하지만, 엑손 자체 분석에 의하면 전 세계 석유 수요는 2040년까지는 계속 증가할 것으로 판단하고 있다. 따라서 2019년 현재 하루 생산량을 450만 배럴에서 2025년까지 500만 배럴로 올릴 계획이다. 그러나 2025년에는 석유 가격이 배럴당 40달러까지 떨어질 것으로 예측하고 있으니 투자 여부는 각자 판단에 맡긴다.

세 번째로는 면역학, 종양학 및 바이러스 제약회사인 애브비(AbbVie Inc. ABBV)로서 2019년 12월 기준 시가총액이 1,300억 달러에 달하는 글로벌 기업이다. 이 회사 주력제품인 휴미라(Humira)는 이 회사 매출에 50%를 차지하는데, 유럽에서 특허 만료로 바이오시밀러 복제약 때문에 2019년 3/4분기 가격이 29%나 떨어졌다. 2023년에는 미국에서도 특허 만료로 상당한 타격이 예상되고 있다. 이를 만회하기 위해 연구개발비를 매년 50억 달러씩 투자한 결과, 신제품 매출이 계속 늘고 있다. 보톡스 회사를 630억 달러에 인수하는 노력에 힘입어 성장을 지속하고 있다. 이로 인해 2019년 초 62달러까지 떨어진 주식 가격이 2019년 12월 90달러까지 회복했다. 배당금은 연 4.72달러로 5.25%의 고배당을 제공하고 있다. 이렇듯이 투자하기 전에 관련 주식을 철저히 분석한 후, 자기 성향에 맞는 주식에 투자하면 남보다 훨씬 잘 살 수 있을 것이다.

국제 금융 체계를 이해하면 돈 움직임이 잡힌다

회사에서 오랫동안 중·장기 전략을 수립하는 업무를 수행했다. 그 덕택에 국내외 경제 동향, 환율 예측, 산업별 경기 전망 분석을 몸에 익힐 수 있었다. 거의 금융 전문인과 비슷할 정도로 세계 경제 흐름과 금융 시스템을 이해하게 되었다. 아주 세부적인 것까지는 잘 모르지만, 거시적으로 큰 흐름은 어느 정도 예측할 수 있는 전문성을 가졌다. 그간 체득한 세계 금융 시스템이 돌아가는 가장 기본적인 것을 소개하겠다.

물론, 여기서 금융 분야를 깊이 다룰 수 없다. 단지 간략히 설명하면, 세계 금융 시스템의 핵심은 '금리'라고 콕 집어 말할 수 있다. 특히 세계 경제를 쥐락펴락하는 미국 금리가 세계 금융 변화에 기준이 된다. 미국이 금리를 올린다는 것은 미국 경제가 좋아지고 있다는 것이고, 반대로 금리를 낮춘다는 것은 경제가 나빠진다는 의미다.

금리를 올린다는 것은 경기가 좋아져서 물가가 올라가는 인플레이션이 우려되기 때문에 시중에 풀린 돈을 회수한다는 뜻이다. 인플레이션 기준인 2%를 넘지 않도록 2~3년 전부터 금리로 조정하는 것이다. 단기적으로 보면 금리 인상 초반에는 경제가 좋아지기 때문에 부동산이나 주식이 계속 좋아지리라 생각하지만, 길게 보면 시중에 풀렸던 돈이 중앙은행으로 회수되기 때문에 부동산이나 주식에 투자할 돈이 부족하게 된다.

어느 순간에 투자자들이 시중에 돈이 부족하다는 것을 인식하게 되는 순간, 가격이 오른 주식이나 부동산 시장이 붕괴할 소지가 있는 것이다. 금리와 주식과 상관관계를 좀 더 자세히 언급하면, 금리가 오른다는 것은 경제가 좋아진다는 의미로 소비가 늘게 되어 제품이 잘 팔리기 때문에 기업들 실적이 좋아진다. 그래서 많은 사람이 주식을 매입한다. 어느 날 신문에 주식 시장이 활황이어서 가정주부들이 주식을 산다는 기사가 나오면 거의 끝물이다. 왜냐하면, 가정주부들이 가진 쌈짓돈까지 주식 시장으로 흘러들어온다는 것은 더는 시중에 돈이 없다는 것을 방증하기 때문이다. 어느 순간에 주식 가격이 급락할 수 있게 된다.

이렇게 되면 잘나가던 경제에 악영향이 끼쳐 불경기에 진입한다. 중앙은행은 다시 기준금리를 낮추고 경제 상황에 따라 돈을 찍어 시중에 푸는 양적 완화를 한다. 그러면 다시 시중에 돈이 많아져서 주식 시장은 바닥을 치고 상승하게 된다. 이후 부동산 시장도 회복이 되어서 경제가 안정화되는 경제 사이클이 반복되는 것이다. 금리가 올라가면 채권 수익률이 낮아지고, 금리가 내리면 채권 수익률이 높아진다. 바로 채권 움직임도 예상할 수 있다.

환율도 미국 달러가 강세냐 약세냐에 따라 우리나라 원화 가치도 약세 또는 강세로 변한다. 예를 들면, 미국이 금리를 올리면 미국뿐만 아니라 세계 각국에 투자되었던 미국 달러가 미국으로 회수된다. 따라서 우리나라와 같은 신흥국들은 미국으로 달러 유출을 최소화하기 위해 자국의 화폐 가치를 떨어트리는 것이다. 원화 강세라는 말은 한국 돈 가치가 올라간다는 의미인데, 수출이 늘거나 주식이 올라서 한국에 달러가 많이 유입되면 원화 강세가 되는 것이다. 반대로 원화 약세라는 의미는 한국경제 상황이 안 좋거나, 전쟁 위험이 있거나, 주식 시장이 안 좋으면 달러가 한국 밖으로 나가기 때문이다.

1997년 11월 외화 부족으로 국제 통화기금(IMF)으로부터 외화자금을 빌려올 때 1달러에 원화가 900원에서 2배 이상인 2,000원까지 한국 돈이 폭락했다. 원화 약세는 한국에 있는 부동산이나 토지와 같은 자산가치가 반토막 났다는 의미다. IMF 시절 한국 부동산이나 기업들이 외국 자본들에 헐값에 팔려나갔다. 이렇게 환율은 국가 전체 자산 가치를 떨어뜨리거나 올라가기 때문에 무서운 것이다.

또 세계 금융 역사상 환율 관련 중요한 사건을 알아본다. 1985년 9월 22일에 뉴욕 플라자 호텔에서 맺은 플라자 협약이다. 미국, 일본, 프랑스, 영국, 독일 재무장관 등이 모여서 미국 달러 강세를 인위적으로 낮추기 위한 회의가 열렸다. 일본 엔화 강세를 조절하도록 맺은 협약이다. 당시 미국 달러가 초강세로 미국제품들 가격 경쟁력을 상실하게 되자, 수출은 안 되고 수입만 늘어 국가부채가 급증했다.

당시 일본은 경박단소라는 기술과 제품경쟁력을 갖춘 상태에서 엔화 가치까지 낮아서 일본제품들이 날개 돋친 듯 팔려나갔다. 전 세계 시장을 메이드 인 재팬이 장악했었다. 미국은 세계 최대 수출시장이었기 때문에 일본이 제품경쟁력만 믿고, 미국의 엔화 강세 요청을 받아들였다. 처음에는 1달러에 240엔이었으나, 3년 후에는 120엔으로 거의 100%인 2배가 올랐다. 이 당시 엔화 강세로 일본인들은 절반 가격으로 해외여행을 가고 물건을 살 수 있었다. 일본인에게 엄청난 소비 열풍을 몰고 왔다. 당시 일본기업들은 엔화 강세에 힘입어 해외 땅이나 건물들을 대거 매입하면서, 일본을 팔면 미국 전체 땅을 살 수 있다는 이야기까지 돌았을 정도다.

반면에 일본제품 가격이 2배 이상 치솟자 수출 경쟁력이 급격히 떨어지면서 자산 거품이 순식간에 꺼졌다. 이것이 일본이 '잃어버린 20년'이라는 저성장 늪에 빠지게 되는 결정적인 원인을 제공했다. 이렇듯 환율 변동성은 무섭다. 금융 공부를 위해 플라자 협약에 관한 책과 송홍빈의 《화폐 전쟁》이라는 책을 읽어보기를 권한다. 기업을 경영하는 사람들, 즉 수입하든지, 수출하든지, 환율은 이익 창출에 직격탄이 되기 때문에 환율을 예측할 수 있는 전문지식은 꼭 갖춰야 한다.

세계 경제위기는 언제 올까?

2018년 9월 15일 미국 리먼 브러더스가 6700억 달러 규모의 파산 신청으로 세계 경제가 휘청거렸다. 미국 연방공개시장 위원회(FOMC)는 4.5조 달러라는 현금을 살포하고 금리를 인하시키는 노력으로 미국 경제를 극적으로 회복시켰다.

리먼 사태 이전, 세계 경제 침체는 2000년 초 IT버블이 꺼지고 2001년 911사태 등으로 미국은 패닉 상태가 되었다.

경제 활성화를 위해 2001년 금리 6%대에서 1~2%로 급격히 낮추다 보니 부동산 시장이 폭등했다. 부동산은 대규모 자금이 움직이다 보니 금리가 직격탄이다.

2017~2018년에 신용등급이 극히 낮은 사람들도 은행대출로 집을 샀었는데, 연준 이사회 의장이 문제를 직시하고 금리를 올리다 보니 부동산이 매도세로 돌면서 리먼 사태가 발생하게 된 것이다. 2009년 3월 미국 다우존스산업평균 지수가 6,547까지 떨어졌으나, 2019년 12월 28,645로 약 10년간 4.37배 올랐다.

IMF는 2020년 세계 경제 전망을 기존 3.6%에서 3.4%로 다소 낮췄지만, 나쁘지 않게 보고 있다. 필자 생각은 세계 경제위기는 2020년 11월 미국 대선 향배에 달려 있다. 트럼프 대통령이 연임된다면 미국 경제성장이 좀 더 이어질 수 있다. 만약 미국 민주당의 샌더스가 대선후보가 되고, 대통령으로 선출된다면 상황은 반전될 수 있다. 좌파성향이 강한 샌더스는 상위 1% 부자가 부의 40%를 가져가면 안 된다면 부자세를 부과해 대학 무상교육, 최저임금 15달러, 보호 무역 주의를 공약으로 내세우고 있다. 이로 인해 세계 최고의 금융 부자들이 주식 등 금융 자산들을 팔아버린다면 세계 금융 시장은 요동칠 수밖에 없다.

만약 트럼프 대통령이 연임에 성공한다면 레임덕이 오기 전까지 안도 랠리가 펼쳐져서 2022년 가을 이후로 경제위기가 늦춰질 수 있다. 왜냐하면 2019년 미국 부채는 약 22조 달러로 1인당 약 90만 달러의 빚을 지고 있고, 주식도 사상 최고치를 달리고 있다. 미중 무역 전쟁이 격화되면 중국 기업들 빚과 부동산 과열이 심각한 상태라서 언제 뇌관이 터질지 모르기 때문이다. 따라서 2020년 하반기부터는 금과 같은 안전 자산에 투자해보는 것도 좋을 듯하다. 이러한 예감은 틀릴 수 있지만, 재앙을 잘 피하면 부를 축적할 수 있는 절호의 기회를 잡을 수 있다. 꾸준히 금융과 세계 경제 동향을 예의주시하기 바란다.

세금, 절세 노하우를 배운다

투자에서 중요한 것이 세금이다. 인간이 살아가면서 피할 수 없는 것이 죽음과 세금이라고 한다. 절대 편법이나 탈법을 해서 세금을 부정한 방법으로 빼돌리거나 탈루하면 안 된다. 단, 법이 정한 테두리 안에서 절세는 꼭 필요하다. 지금뿐만 아니라 앞으로도 모든 소득이 추적되기 때문에 옛날처럼 세금을 탈루할 수 없다. 그러니 처음부터 세금으로 장난칠 생각을 버려야 나중에 큰 화를 입지 않는다.

모든 소득에는 세금을 당연히 내야 한다. 단지 법의 테두리 안에서 절세를 잘하는 것을 투자 일부라고 생각해야 한다. 그래서 세금에 관한 공부도 금융 공부 일종으로 꾸준한 공부가 필요하다. 세금은 매년 국가 정책에 의해 변하기 때문에 신문과 같은 보도 내용을 스크랩하거나, 세무 강좌를 들어보는 것이 많은 도움이 된다.

절세사례를 잠깐 소개해보면, 해외 주식 투자 경우 국내 주식과 다르게 투자 수익이 나면, 수익금의 22%를 양도 세금으로 내야 한다. 투자 수익은 1년 단위로 정산해 이익금에 대한 세금을 내야 하는데, 1년간 주식 투자로 손실 본 것과 이득 본 것을 합해서 1년간 이익 금액에 기초 공제 250만 원을 제외하고 이익금에 22%를 세금으로 낸다. 여기에 절세 노하우가 있다. 만약 투자 수익이 난 주식을 팔려고 하는데 이익이 많이 나서 많은 세금을 내야 한다면, 손해를 보고 있는 주식을 같이 매도해 전체 이익금을 줄이는 방법이다.

즉, 매도할 생각이 없더라도 해외 주식 중 손해 본 주식을 같은 해에 매도하는 것이다. 그리고 팔 의도가 없었던 손해난 주식을 해당 연도에 다시 매입하는 것이다. 그러면 손실 난 주식과 이익이 난 주식 차액 부분만 세금이 부과된다. 세금을 줄일 수 있다는 말이다. 예를 들어 A라는 주식에서 1,000만 원 이익이 남아 팔고 싶다면, 기초 공제 250만 원을 제외하고 나머지 750만 원에 대한 세금 22% 165만 원을 다음 해에 내야 한다. 그런데 내가 가지고 있는 B라는 주식이 750만 원을 손해를 보고 있다면, 같은 해에 팔고, 다시 사는 것이다. 그러면 A주식에서는 1,000만 원 이익을 남겼는데 B 주식은 750만 원 손해를 봤기 때문에 같은 해에 매도하면 기초 공제 250만 원을 제외하고 세금을 내지 않아도 되는 것이다. 비록 매매 수수료는 지급하지만, 금액이 큰 세금은 아낄 수 있다.

해외 주식뿐만 아니라 양도세를 내는 국내 부동산도 같은 구조다. 갭 투자를 통해 집을 매입했는데, 매도하려면 양도세가 거의 40% 수준으로 내야 한다. 수익 난 부동산을 사정상 매도를 해야 한다면 자신이 보유하고 있던 부동산 중에서 손해 본 물건을 같은 해에 매도한다. 이익과 손해가 서로 상계되어 세금을 줄일 수 있다.

필자는 5년 전에 하계동에 아파트 3채를 매입했었다. 거의 2배가 올랐다. 사정상 2채를 매도했는데, 이때 과거 10년 전에 매입했던 수원 CC 골프회원권을 매도했는데 수천만 원을 손해 본 것이다. 손해를 본 골프회원권과 아파트와 같은 연도에 매도했다. 2가지를 합해 계산하니 이익분이 줄어서 세금혜택을 보게 되었다. 골프회원권을 지금 다시 매입한다고 해도 취등록세가 양도세보다 훨씬 적기 때문에 세(稅)테크를 한 것이다. 이렇게 절세 방법은 많이 있다. 기본적인 세금상식을 알아야 하고, 복잡한 부분은 세무 전문가에 맡기면 충분하다.

3

50대 이후 삶,
20~30대 노력으로
결정 난다

세상에 공짜는 없다. '알아야 면장한다'는 말이 있다. 이런 말들이 나이가 들수록 가슴에 와닿는다. 고기를 잡으려면 낚싯대부터 드리워놔야 한다. 낚시도 경험과 기술이 쌓여야 남보다 성과가 좋다. 특히 바다낚시 경우에는 물때를 알아야 한다. 미끼와 고기들 습성까지 파악해야 좋은 조과를 기대할 수 있다. 그래도 매번 좋은 성과를 기대할 수 없는 게 현실이다. 하물며 취미생활인 낚시도 오랜 경험이 필요한데, 직접 자신의 삶에 큰 영향을 주는 투자는 더 말할 필요가 없을 것이다. 이러한 투자를 남의 말만 믿고 투자한다면 수익 창출을 과연 기대할 수 있을까?

4차 산업혁명 시대에 은행에 목돈 집어넣고 이자 수익을 바란다면 가난한 인생은 이미 정해졌다. 주식, 채권, 부동산, 임대수입과 같은 고수익을 취할 수 있는 투자를 해야 초고령화 시대의 긴 인생을 살아갈 수 있을 것이다. 이를 위해 피나는 노력과 실전 연습을 통해 자기 노하우와 투자 원칙을 확보해야 한다. 철저한 준비가 고위험 고수익에서 언제나 승리할 수 있을 것이다. 이런 준비는 유대인처럼 10대부터 준비하면 좋겠지만, 사회적 여건이 부족한 우리나라는 최소한 20~30대에 준비해야 바람직하다. 20~30대에 철저히 준비하면 50대 이후 삶이 여유로워질 것이다. 그렇지 않으면 오히려 길고 긴 여생을 힘들게 보낼 수밖에 없다는 점을 명심하고 잘 준비하자.

투자는 충분한 지식과 확신에서 출발한다

'내가 주식을 사면 오르다가도 내려간다. 이상하게 내가 팔면 주식이 올라서 절대 주식은 하지 않는다'라고 주변에서 이야기하는 사람들을 많이 볼 수 있다. 일반 사람은 주식 투자로 돈을 왜 벌지 못할까? 앞에서 이야기한 것처럼 부자나 금융 전문가들은 금리 변동이나 경제 상황을 예측해 먼저 움직이는데 대부분 금융 지식이 부족한 사람들은 증권방송을 보거나 증권사 직원들, 그리고 주변 사람들에게 의존해서 투자를 결정하다 보니 대개 끝물에 투자하는 경우가 허다하다.

손해를 보는 투자자는 주식이 오를 때는 왜 오르는지 모른다. 어느 정도 올라가면 너무 많이 올라 겁나서 투자를 못 한다. 그래도 주식이 계속해서 오르면, 더 오를 것 같아 뒤늦게 투자를 결정한다. 이게 바로 막차를 타는 전형적인 투자 패턴이다. 좋은 종목에 투자했을 때도 조금 오르다가 좀 떨어지면 팔아버린다. 자신이 투자하는 회사에 대한 철저한 분석 없이 매매하다 보니 항상 흔들리는 것이다.

그러다 보니 증권회사 직원에 의존하는 경우가 많다. 즉 증권사 직원들이 팔라고 하면 팔고, 사라고 하면 사는 경우다. 곰곰이 생각해야 봐야 할 것은 증권사 직원들은 매매 수수료가 자신들 수익이 되기 때문에 잦은 매매를 유도하는 경향이 있다. 어떤 증권사에서는 고객이 약 10% 이익이 남거나, 손해를 보면 팔도록 권유한다고 한다. 곰곰이 생각해볼 일이다. 주식에서 투자 이익을 얻으려면 투자 회사에 대한 철저한 분석이 필요하고, 투자에 대한 확신이 섰다면 단기적인 매매보다는 장기적인 투자를 권한다. 즉 주식 투자를 주주가 된다는 생각으로 투자해야 한다.

우리가 회사를 설립한다든지, 어떤 회사에 주주가 된다고 하면 최소 몇 년을 투자할 것이다. 주식 시장은 한번 상승세를 타면 상당 기간 상승한다. 거꾸로 하락하면 지속해서 내려가는 특징을 가지고 있다. 그래서 매매 타이밍이 중요하다. 더 중요한 점은 투자할 회사가 지속성장이 가능한 회사인지, 많은 이익을 창출하는 회사인지, 회사 대표는 똑똑한지, 주주가치를 생각하는지 등을 보고 판단해야 한다. 산업 자체가 성장 못 하는 회사 주식은 절대 건들면 안 된다. 규모가 작은 회사도 변동성이 심해 피해야 한다. 거래량이 작은 주식도 피해야 하는데, 그 이유는 주식을 팔고 싶을 때 팔지 못하는 경우가 생기기 때문이다.

글로벌 대표회사들 주식 변화를 살펴보자. 애플사는 2006년 7월 주당 7불이었다. 2019년 12월 300불로 무려 42배 상승했다. 페이스북도 2012년 9월 17불에서 210불로 약 12배가 상승했다. 한국을 대표하는 삼성전자 주가는 2008년 10월에 40만 원이었다. 점점 주가는 올라가 액면가 5,000원 기준으로 환산하면 300만 원으로 8배 상승했다. SK 하이닉스도 2008년 11월 5,700원에서 100,000원으로 18배가 상승했다. 월마트는 2007년 9월 42불에서 120불로 88% 상승했다. 반면에 디지털 휴대폰 강자였던 노키아는 2007년 40불에서 6불로 85% 하락을 면치 못했다. 현대건설은 2007년 10월 10만 원에서 3만 7,000원으로 63% 하락했다. 성장 산업군에 속한 회사인지, 쇠퇴하는 산업군에 속한 회사인지에 따라 수익률은 극과 극이다. 성장하는 집단에 속한 기업들은 잠시 주춤하거나 떨어져도 회복할 수 있지만, 하락하는 산업군에 있는 회사는 회복할 수 없다.

필자도 약 30년 이상을 주식 투자를 했지만, 초기 20년간은 일반인들처럼 매매하다 보니 당연히 돈을 벌지 못했다. 그러다가 어느 정도 경제 동향도 알게 되고, 어떤 산업이 호황인지 예측을 할 수 있게 되어 중·장기 투자를 하다 보니 남보다 좋은 수익을 내고 있다.

실제 투자 사례를 말하면 2012년 말에 회사 퇴직을 하고, 이듬해 2013년 초에 미국 아마존닷컴 주식을 임원 퇴직금 전부 매입을 했다. 내가 회사 재직 당시, 2020년 5세대 이동통신 서비스가 시작되면 아마존닷컴이 유통 시장에 최강자로 부상될 것으로 예측했기 때문이다. 인터넷 상거래가 보편화되고, 기존 오프라인이 온라인 시장으로 급격하게 바뀔 것이라는 확신했다. 그리고 아마존닷컴을 이끄는 제프 베조스는 인터넷 상거래 약점을 정확히 알고 있는 C.E.O.로 한마디로 보증수표였기 때문이었다.

온라인 구매의 최대 약점은 인터넷에서 구매한 물건을 받으려면 시간이 오래 걸린다는 것이다. 이런 단점을 정확히 꿰뚫어 보고 이를 극복하기 위해 물류 시스템에 엄청난 투자를 했다. 막대한 물류 투자비 때문에 매 분기 적자를 지속했다. 금융 전문가들도 투자를 위한 적자를 단순 영업적자로 잘못 보다 보니 아마존닷컴 회사의 가치를 제대로 보지 못한 것이다. 제프 베조스는 버는 돈 모두를 재투자하다 보니 회사 이익이 전혀 남지 않았다. 따라서 정부에 세금을 한 푼도 안 냈다. 그야말로 '꿩 먹고 알 먹고'였다.

그러다가 45대 미국 대통령인 트럼프가 대통령 선거 당시에 아마존닷컴이 성장하면서 세금을 한 푼도 안 낸다는 문제점을 지적했다. 이에 제프 베조스는 트럼프를 낙선시키기 위해 개인 소유인 워싱턴 포스트 신문기자 20명을 낙선 전담반으로 구성할 정도였다. 트럼프에 관한 부정적인 기사를 적극적으로 노출했지만, 결국 트럼프가 대통령으로 당선됐다. 이렇게 제프 베조스와 트럼프가 힘겨루기를 했었는데, 트럼프가 대통령이 되자, 아마존닷컴 사업에 악영향을 끼칠 것으로 판단해 필자는 보유한 아마존닷컴 주식을 전량 매각했었다.

예상과 다르게 트럼프 대통령은 사업가 출신이라, 국가 경제에 도움이 된다면, 사사로운 감정으로 기업을 압박하지 않았다. 트럼프 대통령 당선 초기에는 아마존닷컴 주식이 좀 떨어졌지만, 현재는 100% 이상 올랐다. 더 긴 안목으로 주식을 보유했었다면 더 많은 수익을 올렸을 것이다. 아쉬움이 남았다. 여하튼 정확한 수익을 공개할 수는 없지만 2013년 1월에 주식을 매입해서 2017년 1월에 매각하는 약 4년간 약 3배 정도 수익을 얻었다. 이렇게 주식은 산업 전반 흐름을 분석하고, 성장 유망한 기업을 골라서 투자하면 고수익을 얻을 수 있다.

보유자산은 끝까지 지킨다

한국 사람들은 유난히도 부동산을 좋아해서 그런지 부동산 자산 비중이 너무 높다. 부동산 불패 신화를 평생 경험했기 때문이다. 2010년만 해도 부동산 경기가 꺼지면서 부동산 투자도 더는 안전하지 못하다는 생각으로 젊은 세대들은 집을 사지 않고 전세를 선호했다. 그러다가 2014년 최경환 노믹스로 부동산 경기 부양책을 쓰면서 다시 부동산 경기가 살아났다. 부동산은 덩치가 큰 자산이라서 한번 오르면 오랫동안 올라가고, 한번 꺼지면 침체가 오랫동안 깊어진다.

부동산 투자 회수 기간은 길고, 매입할 때 은행 빚을 얻어야 할 만큼 큰 자산이 투자되기 때문에 매입 시기가 제일 중요하다. 그러면 부동산 경기는 어떻게 예측해야 할까? 부동산도 경제 상황과 주택 수요공급에 영향을 받지만, 금리와 정부규제 영향을 가장 크게 받는다. 정부가 국가 경제를 활성화하기 위해서는 부동산 정책을 이용하는 경향이 강하다. 흔히 건설 경기와 맞물려 이용한다. 부동산 분야가 규모가 워낙 크고 경기 부양 효과가 사회 전반에 골고루 미치는 특징을 갖고 있기 때문이다. 정부가 경기 회복을 위해 부동산 정책을 완화하면, 어느 정도 기간이 지나면 부동산 가격이 올라가기 마련이다.

부동산 경기는 정부 금융 정책에 가장 크게 좌지우지된다. 일반인들이 부동산을 매입할 경우 은행 대출이 필수적이다. 건설업체들도 아파트를 건축하려면 은행융자가 절대적으로 필요하다. 따라서 은행 대출 규모와 이자율이 부동산 경기에 절대적인 영향을 미친다. 그러다 부동산이 과열되면 투기 바람이 불고, 가계 부채가 증가하는 문제가 자연스럽게 나타난다. 이럴 때 정부는 부동산 관련 각종 규제를 발표하고, 자금줄을 조여 시중 자금이 부동산에 흘러 들어가지 못하도록 한다. 그런데 부동산은 경제단위가 워낙 크기 때문에 쉽게 경기가 회복되고 꺼지지 않는 특성이 있어, 부동산 경기 예측을 잘할 필요가 있다.

부동산 경기 예측 방법으로 우선 정부 부동산 정책 방향을 살펴야 한다. 부동산 정책은 항상 언론에서 크게 다루고 있어서 뉴스만 잘 봐도 앞으로 부동산 경기를 어느 정도 예측할 수 있다. 또 다른 부동산 경기를 예측하는 방법은 건설 회사들의 동향을 살피는 일이다. 올해보다 다음 연도에 아파트를 많이 짓는지 적게 짓는지를 보면 가늠할 수 있다. 일반 사람들은 다음 연도에 아파트를 많이 짓는다고 하면 공급 과잉으로 집값이 내려가리라 생각하는 데 사실은 반대다. 건설업체가 다음 연도에 아파트를 많이 짓는다고 하면 부동산 경기가 좋아진다는 것이다. 왜냐하면, 건설 회사들은 부동산 경기가 좋아야 아파트 분양이 잘 되기 때문이다. 부동산 경기가 위축될 것이라 판단되면 건설 물량을 줄인다. 건설자금은 한번 묶이면 기업 경영에 큰 문제가 되므로 아주 신중하게 계획을 수립하기 때문이다.

예를 들면, 반도체나 디스플레이 업체가 시설 투자를 확대한다는 것은 앞으로 수요가 늘어나기 때문에 사전에 생산설비를 확대하는 의미다. 따라서 신문이나 방송을 보면, 그에 대한 의미를 정확히 파악만 해도 돈을 벌 수 있다. 노후 대책용으로 부동산을 연금으로 활용하는 방법도 있어서 부동산은 자신의 상황에 맞춰 잘 활용하는 것이 좋겠다.

지금 50·60세대에 닥친 문제지만, 대부분 사람이 은퇴하게 되면 수익이 줄거나 단절된다. 은퇴 준비를 잘 해놓은 사람들은 은퇴가 두렵지 않고 본인이 원하는 대로 살 수 있다. 하지만 초고령화 시대에서 축복받은 은퇴자는 극히 소수가 될 것이다. 최대한 은퇴 시점을 늦추는 게 가장 좋은 방법이다. 성공적으로 사업하는 사람들이야 큰 문제가 없겠지만 퇴직을 할 수밖에 없는 직장인들은, 은퇴 후에도 시간제나 적은 월급이라도 받을 수 있도록 인생 2막 준비를 해야 한다.

만약 은퇴 후 월 200만 원 정도 돈을 벌 수 있다면, 은행에 약 6~7

억 원을 저금한 것과 같은 효과를 볼 수 있다. 가령 예금 금리가 3%라고 하면 월 200만 원이 이자라고 생각하면 그런 계산이 나온다. 장기간 수익이 없이 지출만 늘어나면 어느새 모아놓은 재산이 사라지고 없어진다.

요즘 자녀들의 유학자금이나 결혼자금을 지원하고, 더 나가서는 결혼할 때 전세자금도 지원해주는 부모들이 있다. 잘 생각해서 증여해야 한다. 평균 수명이 계속해서 늘어나기 때문이다. 앞으로 100세 부모님을 70~80세 노인 자식들이 부양해야 하는데, 이쯤 되면 늙은 자식들도 수익이 없어서 본인 살기도 어려워진다. 자식들도 부모를 도와주고 싶어도 도와줄 수 없는 시대가 눈앞에 다가오고 있다.

젊은 세대들도 이러한 사회적 현상을 이해하고 자신이 스스로 생존하는 법을 배워야 한다. 앞으로 한국도 미국처럼 부모들이 고등학교나 대학교까지만 지원하고 청소년 스스로가 살아가야 하는 시대가 오는 것이다.

부모가 가지고 있는 돈 1만 원과 청년들이 가진 돈 1만 원의 가치는 다르다. 어른들은 씀씀이가 자식들보다 크기 때문에 돈에 대한 가치가 틀린 것도 있지만, 미래가치가 다르다는 사실도 인식해야 한다. 만약 아들과 아버지가 똑같이 4,000원짜리 커피를 마신다고 치자. 대략 아들 나이와 30년 차이가 있는 아버지가 마시는 커피의 현재 가치는 그저 4,000원짜리이지만, 만약 아들이 4,000원을 저금해서 30년 후에 마신다면, 아마도 10만 원의 미래가치가 담겨 있을 것이다. 만약에 젊은 사람들이 하루에 커피값 4,000원을 매일 30년간 모은다면 얼마 정도의 목돈이 될까 궁금하다.

하루 4,000원을 30년간 모은다면 적립식 투자 방식으로 6%로 기대 수익을 잡으면 1억 3,000만 원이다. 물가 상승률 연 3%를 추가하면 거의 2억 원가량 목돈을 만들 수 있다. 여기에 담뱃값 정도로 매일 4,500원을 같은 방식으로 모으면 이것도 2억 원이 넘어 4억 원을 만들 수 있다. 그 저 커피 한 잔 값과 담배 한 갑 값 정도를 아낀 8,000원을 매일 삼성전 자와 같은 우량 주식을 사서 모은다면 엄청난 돈을 벌 수 있을 것이다. 삼성전자 주식 가격이 30년 전에는 주당 2만 원 정도 했다. 지금은 주당 300만 원 하니, 30년간 150배가 오른 것이다. 돈은 그렇게 번다.

반대로 망해서 사라진 주식도 있고, 떨어진 주식도 있다. 하지만 우 리가 긴 안목으로 상상해보면 어릴 때부터 좋은 금융 투자 습관을 갖는 다는 하나만 가지고도 장차 삶의 질이 달라질 수 있다는 것을 알게 된다.

여러분에게 문제를 하나 내겠다. 만약에 여러분들이 은행에서 5,000만 원을 빌리는데, 이자와 원금을 매월 20만 원씩 36년을 갚아야 한다면, 도중에 목돈이 생기면 원금을 갚아야 할까? 아니면 목돈을 안 갚고 매월 20만 원씩 36년간 총 8,640만 원을 갚을 것인가? 정답은 없 다. 각자 판단에 맡기겠다.

50대에 버는 돈이 진짜 돈이다

요즘 청년들은 영화배우나 탤런트, 유명 스포츠 선수, 가수들을 동경하면서 사는 것 같다. 사회적 우상으로 유명하고 돈도 잘 벌기 때문일 것이다. 그러나 20대에 성공한 사람들은 극소수다. 스포츠 선수의 경우 20대에 성공 못 하면, 평생 어렵게 살아야 한다. 한국을 대표하는 피겨 선수도 20대에 선수 수명이 끝났다. 그나마 세계적인 선수였기 때문에 광고 등 지속적인 수입이 발생할 수 있으나, 성공하지 못한 대부분의 20대 피겨선수들은 흔적도 없이 사라진다.

20~30대 성공한 사람들은 보통 사람보다 성공 수명이 길지 않다. 이들이 속한 분야는 경쟁이 치열하므로 실력이 뛰어난 신인이 혜성과 같이 등장하면 대중의 관심이 금세 옮겨간다. 모든 영광과 환희가 순식간에 사라지고 수입도 급감한다. 젊은 시절에 돈이 주체할 수 없을 정도로 들어오면 인기는 영원하리라 생각한다. 돈을 쉽게 벌다 보니 돈 씀씀이가 점차 커지고 돈 관리도 허술하게 변한다. 그러다 보니, 20~30대 잘나갔던 유명인이 나머지 삶에서 급격히 무너지는 경우를 많이 본다.

거액의 복권에 당첨된 사람들 중 오히려 복권 당첨 전보다 훨씬 어렵게 사는 사람들이 부지기수다. 당첨금을 흥청망청 모두 날리는 경우를 쉽게 볼 수 있다. 쉽게 번 돈은 쉽게 나가는 것이 돈의 본래 속성이다.

젊은 시절에 자수성가해서 부를 많이 축적한 사람들을 보면, 근검절약 정신이 몸에 밴 사람들이다. 결코, 돈을 낭비하는 사람들이 거의 없다. 50대에 돈을 번다는 의미는 20~30대부터 열심히 노력한 결과이기 때문에 돈을 낭비할 시간마저도 거의 없었기 때문이다. 돈을 쓰려고 해도 젊어서 가난했던 시절로 돌아갈까 봐 무서워서 못 쓰는 것이다. 요즘 청년들은 빨리 성공하고 싶어 하는 경향이 짙다. 빨리 들어온 것은 빨리 나갈 수밖에 없다는 생각으로, 단거리보다는 장거리 마라톤을 준비한다는 마음가짐으로 살았으면 좋겠다.

돈으로 인간 본성이 드러난다

돈거래를 해보면 사람들의 진정성을 파악할 수 있다. 한평생을 살면서 진정한 친구가 과연 몇 명이나 될까? 많을 것 같지만, 실제 몇 안 될 것이다. 즉, 자기 배우자에게도 말 못 할 내용을 공유하고 서로 고민하는 진정한 친구가 있다면 정말 잘 살아왔다고 자평해도 좋다. 진정한 친구는 어려운 환경에 처했을 때 진가가 발휘한다.

최근 진정한 친구를 알 수 있는 에피소드를 경험했다. 2018년에 학교 후배로부터 알게 된 '마스터노드'라는 암호 화폐 투자를 지인들에게 권유한 적이 있었다. 자연스럽게 친한 친구들이 나를 믿고 투자에 동참했다. 하지만 생각하지 못한 결과로 암호 화폐 폭락으로 원금을 모두 날리는 큰 손실을 당했다. 필자도 큰 손실을 보았지만, 지인들 투자 손실에 조금이나마 보상을 해줘야 내 마음이 편할 것 같았다. 그래서 손해 본 일부를 보상해주겠다고 말했다. 친구 중 한 명이 투자하다 보면 그럴 수도 있고, 자신은 친구와 돈 거래 안 한다며 술이나 한잔 사면 족하다는 답변을 했다. 이 친구가 진정 내 친구라는 생각에 술도 사고, 소장하고 있었던 그림도 한 점 주었다. 살면서 진정한 친구 한 명을 알게 되는 계기가 되었다.

한 번은 이런 일도 있었다. 필자가 갤러리 사업을 준비하는 과정에서 만난 프랑스 거주 한국 H 화가와 관련된 일화다. 어느 날 H 화가가 물감 살 돈이 없다며 천만 원 정도 빌려달라는 부탁을 했다. 화가에게 물감이 없다는 말에 안타까워 조건 없이 무이자로 돈을 빌려줬다. 다행히도 H 화가 작품이 잘 팔려서 2개월 후 돈을 갚았다. H 화가는 어려울 때 도와줬다고 자신이 좋은 작품을 그려 원가로 주겠다고 했다. 나중에 알고 보니 500만 원 정도 그림을 800만 원으로 속여서 팔려고 하는 것을 알게 되었다. 참 어이가 없었다. 이런 H 작가와 같이 욕심 많고 신뢰할 수 없는 사람은 가까이할 이유가 전혀 없다.

다른 사례는 은퇴 후 '시너젝티스'라는 소프트웨어 용역 개발회사에 지분 투자를 했던 경우다. 이 회사 대표가 돈을 빌려달라고 해서 수천만 원을 빌려줬다. 혹시 형편이 어려우면 원금만이라도 나눠서 갚으라며 부담을 조금이라도 덜어주고 싶었다. 그런데 대표가 홀연히 잠적해버리고 말았다. 채무상환 소송을 제기할 수밖에 없었다.

필자의 첫 번째 책을 출간한 곳은 1인 출판사로, 여성 대표가 운영하고 있었다. 다행히 첫 책인데도 불구하고 2쇄, 3쇄, 4쇄, 8쇄까지 계속 판매가 이어졌다. 문제는 어느 정도 시간이 지나자 책 판매에 대한 인세를 주지 않는 것이다. 소규모 출판사들이 인세를 떼어먹는 게 관행처럼 굳어졌다고 하니 웃음만 나올 뿐이었다. 돈이라는 게 사람의 근본을 알게 해주는 마법을 가지고 있나 보다.

반대로 하나뿐인 동생 이야기를 해보자. IMF 당시 갑자기 동생이 조카들 3명을 데리고 남대문 삼성본관 사무실로 찾아왔다. 이유를 들어보니 주식 투자에 실패해서 은행 빚도 수천만 원 이상 있고, 지하 단칸방에 살고 있다는 것이다. 월세는커녕 당장 끼니도 잇기 어려워서 찾아왔다는 것이다. 태어나 아버지 얼굴도 모르고, 어머니 사랑 한 번 제대로 받지 못하고, 항상 공부 안 한다고 야단만 맞고 자란 불쌍한 동생이 이런 일로 찾아오다니 억장이 무너졌다.

점심을 먹으면서 자초지종을 듣고 보니 화도 났지만, 도와줘야 하는 절박한 상황이었다. 마침 회사에서 S(SUPER)급 우수사원들에 주는 별도 보너스 1,000만 원을 현금으로 가지고 있었다. 그 돈을 주면서 앞으로 연락 없이 불쑥 찾아오지 말라며 돌려보냈다. 그날 이후, 불쑥 찾아오는 일은 없었지만, 어렵게 사는 동생만 생각하면 항상 마음이 편치 않았다.

이후에 동생은 아파트 인테리어 일을 주로 하면서 보험 모집원도 하고, 작은 소품을 직접 만들어서 파는 등 돈 되는 것은 닥치는 대로 하면서 열심히 살았다. 하지만 회생이 쉽지 않았다. 그래서 필자가 임원으로 승진하면서 받은 부장 때까지의 퇴직금으로 지하 월세방에서 사는 동생에게 전세방을 구해줬다.

2013년 초 임원 퇴임 후, 임원 퇴직금 일부를 동생에게 집 사는 데 보태라고 주었다. 동생도 성실하게 일한 결과 자리를 잡았고, 현재는 조카들도 대학을 다닌다. 더는 신경 쓰지 않아도 될 만큼 잘살고 있어 감사할 따름이다.

4

―

청년들을 살리려면
국가 역할이 중요하다

대한민국은 1945년 일본 지배를 받은 후, 냉전체제의 산물인 남한과 북한으로 38선이 그어졌다. 1950년 3년간 전쟁으로 전 국토가 잿더미로 변했다. 세계적인 근대화 시기에 최빈국으로 전락했다. 박정희 정권이 경제재건을 기치를 내걸고 한강의 기적을 만들며 세계를 놀라게 했다. 짧은 기간에 경제자립 틀을 만들었지만, 반대로 인권이 짓밟힌 군사 독재 시절을 거쳤다.

당시 수많은 운동권 학생과 청년들이 함께 자유 민주주의 수호 노력과 518 광주 의거, 616선언으로 직선제 대통령 선거를 쟁취했다. 드디어 대한민국에도 인권이 보호되는 민주주의가 뿌리내렸다. 이로 인해 경제뿐만 아니고 정치적으로도 유례없이 빠르게 선진국 문턱까지 도달했다. 압축 성장과 민주화를 이끈 386세대들이 기득권층으로 급부상했다. 이 세대들은 자기희생을 하면서 현재의 대한민국을 만들었지만, 반대급부로 그 열매를 독차지하고 그들만의 상류층을 형성하며 기득권을 대물림하면서 우리나라 청년들이 상류층으로 갈 수 있는 사다리를 차버린 꼴이 됐다.

우리나라는 2차 산업혁명 시절의 후진국을 벗어나기 위해 3차 산업혁명 정보화 사회를 선제적으로 준비해 정보통신 강국으로 자리매김했다. 반면, 2차 산업혁명 시절 경박단소라는 기술과 제품력으로 경제 대국이 된 일본은 3차 산업혁명에 늦장 대응으로 성장이 정체되었다.

4차 산업혁명 시대에 들어와서는 세계에서 가장 역동적이었던 대한민국이 어느 순간부터 국가 성장 동력이 꺼져가고 있는 것이 체감될 정도로 심각한데, 해법을 내놓지 못하는 상황이다. 새로운 국가 성장 산업을 발굴하고 키워야 하는 중차대한 시기에 정권이 바뀔 때마다 올바른 국가 정책을 세우지 못한 실수를 반복해서 범하고 있다.

특히 문 정부는 성장과 분배라는 양축을 균형 있게 발전시키기보다는 분배 우선 정책만을 신경을 쓰다 보니 국가 경제가 끝없이 추락하고 있다. 소득주도 성장이라는 말만 번드르르하다. 즉, 기업들이 성장해야만 일자리가 창출된다. 세수도 증가하는 경제의 선순환 고리를 유지해야 한다. 기업과 국가가 움직이는 올바른 구조가 망가지면 취업난은 더욱 가중되기 마련이다. 일자리에 목마른 청년들이 자리조차 잡기 어렵게 된다. 여기에 급속한 고령화가 사회적 문제로 대두되고 있다. 이에 반해 출산율은 세계 최저 수준이다. 대한민국 미래가 불투명한 현실이다. 더군다나 압축 경제 성장을 이끌어놓은 50·60세대와 학생운동을 주도해 민주화를 이끌어온 386세대의 양대 기득권 세력들이 모든 부와 권력을 거머쥐면서, 우리 다음 세대들의 앞길마저 막고 있다.

국가를 개혁하고 혁신하려면 새로운 젊은 세대가 치고 올라와야 한다. 빠르게 변화하는 세계 조류에 맞게 국가 시스템을 바꾸고 정착시키도록 길을 열어줘야 한다. 아마 윗세대에 짓눌린 청년 세대가 힘을 가지고 세력화를 못 시킨 결과로 보인다. 설상가상으로 현재 기득권 세력들이 수명이 연장되고 건강한 삶을 유지하다 보니, 청년들 자리까지 차지하고 도통 비켜줄 생각조차 하지 않는다. 한발 더 나아가 기득권 세력은 자신이 누린 부와 권력을 자기 자식들에게 대물림하기 위해 자신이 가진 재력과 인맥을 총동원해 세습하다 보니 빈부 격차는 심해져서 가진 자와 가지지 못한 자로 극명히 나뉘어 신분 격차·빈부 격차가 계속 벌어지는 상황이 전개되고 있다. 사실 이 문제가 우리나라에만 국한된 것이 아닌 세계적인 추세라곤 하지만, 한국이 훨씬 위태로운 상황이다.

1인당 GDP 5만 불 목표 가능하다

문 정부는 소득주도 성장 정책에 따라 저소득층에 분배하는 데 초점을 맞추고 경제는 나 몰라라 식이다. 이로 인해 우리 기업들이 큰 어려움을 겪고 있다. 현재 정부가 간과하고 있는 점은 모든 정책은 자본력이 있어야 가능하다는 점이다. 경제력을 기반으로 해야 성공할 수 있는데, 경제기반이 취약하다 보니 성공적인 정책을 달성할 수 없다. 미국 빌 클린턴 대통령 재임 시절 구호인 "문제는 경제야, 바보야!"를 되새기길 바란다.

한강의 기적을 이룩한 우리는 2007년 1인당 GDP 2만 불 시대를 거쳐서 2018년 11년 만에 소득 3만 불 시대를 맞이했다. 현재 문재인 정부는 소득분배 우선 정책을 주도하고 있다. 현재 성적은 2019년 경제성장률이 2%로 이하로 끝없이 추락하고 있다. 이런 와중에 한·일간 외교 문제가 무역 전쟁으로 비화했다. 국민의 복지요구는 갈수록 증대되고, 정권의 퍼주기식 포퓰리즘으로 국가부채가 급증하고 있다. 한국은 GDP 대비 부채비율이 가계 94.1%, 정부 39.3%, 금융 87.5%로 부문별로 2018년 대비 4~6%나 늘었다.

국제 신용평가회사 무디스(Moody's)는 한국이 가장 빠르게 고령화되는 나라 중 하나로, 국가신용에 대한 압박이 커질 수 있다고 전망하고 있다. 그대로 내버려두면 남미 국가들처럼 국가 미래가 불행해진다고 경고했다. 이를 극복하려면 정부는 국민에게 경제목표를 분명히 제시해야 한다.

우리나라는 2018년에 통계청의 국가통계포털인 KOSIS에서 국가 GDP는 1조 7,254억 달러로 세계 10위를 기록했다. 1인당 GDP는 33,346달러로 26위로 23위인 일본 39,286과 약 6,000달러 차이가 난다. 2030년 국가 GDP 2.5조 달러를 목표로 달성하면 G7에 진입할 수 있다. 국민 1인당 GDP는 5만 달러가 가능하다. 이 목표를 달성하려면 연평균 경제성장률을 3~4% 수준을 달성해야 하는데, 현재와 같은 경제구조와 정책으로는 불가능하다. 한국이 3만 불 시대까지 온 원동력은 3차 산업혁명을 선제적으로 대응한 결과다.

3차 산업혁명의 대표적인 산업이 반도체와 휴대폰 관련 산업이다. 현재 중국이나 일본 등 경쟁국들이 추격에 박차를 가하고 있어, 언제까지 우위를 선점할지는 자신이 없다. 그렇다고 해서 본격화되는 4차 산업혁명의 주요 산업에 선제 대응조차 없다 보니 희망이 보이지 않는다. 비록 늦었지만, 지금이라도 재정비해서 경제 불씨를 살리는 정책과 전략, 그리고 기업들이 혁신을 위해 혼연일체가 돼서 다시 뛴다면 살아날 수 있다.

경제성장률을 1% 이상 올리려면 내수 확대를 0.5%, 바이오산업으로 0.5%, 낙후된 금융 산업을 블록체인과 IT를 결합한 미래형 금융 시스템을 만든다면 0.5~1%까지 성장률을 높일 수 있다. 이를 달성하려면 정부가 앞장서서 법률을 만들고, 선행적으로 연구·개발에 투자해 우수 인력 양성을 시스템적으로 추진한다면 약 3년 후에 효과가 가시화될 것이다.

투 트랙 기업 전략이 상생 길잡이

한국은 대기업을 집중적으로 육성한 결과, 3만 불 시대까지 도달할수 있었다. 하지만 더는 대기업 체제만으로는 성장을 장담할 수 없는 한계에 도달했다. 중소·중견기업을 집중적으로 키워야 한다. 현재 한국의 기업구조는 중소·중견기업들이 대기업에 하청받는 수직 계열화 구조로되어 있다. 대기업이 타격을 받으면 그 밑에 있는 중소·중견기업 경영권이 위태롭게 되는 외통수 구조다.

현대차가 잘 안 팔리면 그 아래의 하청업체들은 바로 직격탄을 맞는다. 삼성전자 경우 휴대폰 판매가 저조하면 삼성전기, SDI, LCD 관련회사가 직격탄을 맞게 되어 있다. 요즘 삼성전기나 SDI 회사가 삼성전자에 의존도를 낮추려 노력하고 있으나 다양한 거래처 확보에 큰 노력과 시간이 걸릴 수밖에 없다.

현 정부가 중소·중견기업 육성에는 노력하는데도 성과가 안 나오는이유는 나눠주기식 정책 때문이다. 될성 싶은 유니콘 기업을 집중적으로 육성해 우선 성공사례를 만들고, 이러한 성공 신화를 확산하는 선택과 집중 전략, 그리고 확산 전략이 주효하다. 또한, 하도급에 익숙한 중소·중견기업의 체질을 바꾸려면 기술 전문화가 절실하다.

글로벌 경쟁에서 살아남을 수 있는 강소기업을 만들려면, 정부의 정책적 지원 집중화가 절대적이다. 현재 우리나라 대기업들은 세계적 기업들과 경쟁할 만큼 덩치도 커지고, 우수인력들도 집중되어 있기 때문에 국가에서 방해만 안 하면 된다. 그리고 국가의 모든 자원을 중소·중견기업에 집중해야 한다. 독자 생존할 기술과 서비스만이 대기업 하도급이라는 굴레를 벗어날 수 있다. 당당한 사업 동반자로서 위상을 갖출 수 있도록 하자는 것이다. 자금 지원, 세제 혜택, 병역 혜택, 우수인력이 근무할 수 있도록 각종 혜택을 제공해 경쟁력을 짧은 시간 안에 확보할 수 있도록 적극적으로 지원해야 한다. 또한, 중소·중견기업들이 대기업에 판매할 공정한 기회를 부여하기 위해 대기업 계열사 간 내부거래는 철저하게 감시하고 강력한 제재를 가해야 한다. 그래야 대기업 계열사들도 자체 경쟁력을 갖출 수 있을 것이다.

청년들도 꿈을 갖게 좀 나누자

요즘은 60대가 되어도 식생활 개선과 의료 혜택으로 건강 상태가 아주 좋다. 나이와 상관없이 오랜 시간 일을 지속해도 몸에 아무 이상 없다고 자랑하는 사람들이 많다. 과연 한 분야에서 오랫동안 일한다는 것이 사회에 긍정적인 영향을 미칠까? 현직에서 오랜 세월 일하면서 장수하는 인물을 대표적으로 뽑으라면, 아마 1927년생 93세로 KBS〈전국노래자랑〉고정 MC를 하는 분일 것이다. 과연 프로그램 하나를 약 40년간을 혼자 진행을 맡았다면 사회적으로 좋은 건지 생각해볼 문제다.

그다지 긍정적인 것만은 아닐 것이다. 만약 MC가 5년마다 바뀌었다면 8명의 MC가 각자의 개성을 가지고 프로그램을 운영했을 것이다. 뒤따라 오는 후배들에게 일할 기회를 제공해주었을 터이다.

요즘 의사나 변호사들처럼 전문 면허나 자격을 가진 전문가들이 나이가 들어서도 일을 놓지 않는다. 이 때문에 로스쿨을 막 나온 변호사나 의대를 갓 졸업한 청년들이 직업을 갖지 못하는 현상이 나타난다. 대개 의사 아들이 의사가 되는 확률이 높은데, 아버지 세대가 일을 놓지 않고 있으니 청년들이 자립할 기회를 찾기 어려워진다. 청년 세대는 수많은 인적 네트워크와 연륜을 갖춘 아버지 세대와의 경쟁에서 버겁다.

그래서 전문직을 가진 사회 지도층들이 자발적으로 물러나서 청년들에게 일자리를 넘겨주는 운동이 전개되었으면 좋겠다. 의료 부문의 경우, 현재 의학은 대부분이 컴퓨터와 로봇이 하므로 기기 조작에 능숙해야 한다. 아무래도 부모 세대가 젊은 세대를 따라갈 수 없는 부분을 인정했으면 한다. 그리고 이런 문제는 수명이 연장되는 한 사회 문제가 생길 수밖에 없다. 따라서 전문직 경우에 라이센스를 무기한으로 주지 말고 30년 연한으로 정했으면 한다. 30년이 넘으면 2년마다 재교육을 통해 시험을 다시 보는 제도를 도입한다면 어떨까 한다.

본격화되는 4차 산업혁명 시기에는 작지만 빠른 기업들이 산업을 주도할 것이다. 이러한 상황에 현 정부가 중소기업청을 중소벤처 기업부로 격상시킨 것은 매우 시의적절했다. 중소벤처 기업부에서 청년과 은퇴자를 결합한 세대융합 창업을 지원한다고 하는 것도 잘하고 있는 정책이다. 청년들 일자리도 문제지만 한국경제를 이끌어온 베이비붐 세대들이 대거 은퇴하고 있다. 이러한 은퇴자들은 우리나라의 소중한 인적 자원으로 이들 경험을 잘 활용할 필요가 있다. 100세 고령화 시대에 은퇴자들에게도 생계 문제에 도움을 줄 수 있을 것이다. 이러한 문제를 해결할 방안으로 청년들과 은퇴자들을 결합한 혼합형 창업이 좋겠다.

청년들은 시대 흐름을 잘 알고 열정과 도전정신이 강하다. 하지만 회사 운영 및 사회 경험, 인적 네트워크나 자금력이 취약한 것이 현실이다. 이런 점을 간과하고 취업 못 한 청년들을 창업으로 내모는 것은 자칫 신용불량자만 양산하는 꼴이 될 것이다. 반면에 은퇴자들은 청년보다 사회 경험도 많고, 인적 네트워크도 좋고, 자금력도 비교적 훨씬 좋을 것이다. 아직도 충분히 일할 나이에 은퇴하다 보니 일을 더 하고 싶은 욕구도 많다. 그러나 은퇴자 창업은 대체로 생계형 창업이 많은 데다가 노후를 망칠 수 있다는 생각에 과감한 투자 위험을 감당하지 않으려고 한다. 이러한 두 세대를 엮어 각자의 약점을 보완하고, 강점을 강화한다면 창업 성공률을 획기적으로 높일 수 있을 것이다.

그러나 하이브리드, 혼합형 창업에서 유념해야 할 부분이 있다. 첫 번째는 반드시 대표이사는 청년으로 두고 은퇴자는 지지자 역할에 머물러야 한다. 은퇴자 역할은 자본을 대준다든지 은퇴자가 가진 인적 네트워크를 최대한 활용해 사업이 커나갈 수 있도록 뒷받침해주는 것에 그쳐야 한다. 나이가 많은데 일을 하려는 것은 자랑스러운 것이라기보다는 청년들 자리를 빼앗는 것이다. 비즈니스 중심을 철저하게 청년에게 맞춰야 사업에 성공 확률이 높아진다.

두 번째로는 자본금은 최소 동등하게 부담한다. 다만 지분은 청년에게 더 배분한다. 청년들이 주도적으로 일하면서 월급을 받게 하고, 은퇴자는 활동비 정도를 받게 하는 데 만족해야 한다.

회사가 충분히 커졌을 때 월급을 올려받는 구조가 돼도 늦지 않는다. 마지막으로 사업 시작할 때부터 서로 역할과 책임을 나눠야 한다. 세대 차이로 서로 지향하는 방향이 달라서 의사결정이 어렵다. 게다가 은퇴자가 청년 대표를 부하로 생각해 자신도 모르게 일을 시키는 경우가 많다.

처음부터 주요 의사결정 역할을 정해놓지 않으면, 첨예하게 대립하는 상황이 발생할 수 있기 때문이다. 만약 사업을 접게 될 때의 조건도 사전에 합의해두면 분란을 막을 수 있다. 아무리 취지가 좋게 시작했더라도 사업추진 과정에서 많은 어려움이 남아 있을 수 있음을 충분히 인지하고 시작해야 실패 확률을 줄일 수 있다.

때를 놓치면 후회한다

현재 4차 산업혁명에서 어떻게 생존하고 주도해나갈 것인가. 여기에 모든 초점이 맞추어져 있다. 더불어 4차 산업혁명 도래와 더불어 5차 산업혁명이 태동하고 있다는 점을 간과하면 안 된다. 현재 누구도 5차 산업혁명에 대해 언급하거나 주장하는 전문가가 없다. 필자는 '5차 산업혁명은 우주 시대'라고 생각한다. 지금까지의 모든 산업혁명은 지구상에 있는 비즈니스에서 부(富)가 창출되었지만, 차세대 산업혁명은 무한공간인 우주에서 전개될 것이다.

우주 관련 산업은 미개척지로 그 영역이 상상 이상으로 광대하고 무궁무진한 기회와 도전으로 남아 있는 비즈니스 영역이다. 우주는 지구와 완전히 다른 환경으로 모든 것을 새롭게 생각하고, 연구하고, 개발하고, 만들어서 도전해야 할 완전 새로운 산업 분야다. 우주를 여행하고, 탐사하고, 우주 정거장을 만들고, 달이나 화성과 같은 다른 행성에서 사람이 살게 하는 우주 식민지 건설 등 모든 과정이 현재와는 완전히 다른 접근이 필요하다.

우주 건설은 인간이 직접 할 수 없고 원격 조정을 통해 기계, 로봇 등이 사람을 대신해 일할 수 있어야 한다. 지구에서는 상상할 수 없는 수많은 광물자원을 우주의 수많은 행성으로부터 획득할 수도 있어, 우주를 선점한다면 상상할 수 없는 새로운 부를 창출할 수 있다. 따라서 인류 역사상 겪어보지 못한 새로운 산업이 만들어질 수밖에 없다.

이러한 우주 산업을 미국과 러시아, 유럽과 같은 선진국이 주도하고 있다. 중국이나 인도, 일본이 그 뒤를 바짝 추격하는 모습이다. 반면에 우리나라 우주 산업 분야는 상당히 낙후되어 우주선에 앞서 항공기 하나 제대로 만들지 못하고 있으니 안타까울 뿐이다. 우주 산업을 주도하는 미국은 정부 주도의 NASA뿐 아니라 비행기를 만드는 보잉, 일론 머스크가 주도하는 스페이스 X와 제프 베저스가 이끄는 블루오리진과 같은 민간 기업들이 치열한 우주 선점 경쟁을 펼치고 있다.

이들 기업은 우주 비행 비용을 획기적으로 줄이기 위해 로켓을 완전히 재사용할 수 있고, 연료도 중도에서 보충할 수 있도록 연구와 개발을 하고 있다. 일론 머스크는 2025년까지 화성에 사람을 보낸다는 구체적인 계획을 밝히고 금세기 안에 화성에 사람 1만 명이 살 수 있는 우주 식민지를 건설한다는 비전도 제시했다. 또한, 달이나 화성에서 로켓추진체를 생산할 수 있도록 계획을 세우고 있다. 우주여행이 가능해지면 다음으로는 우주 도시가 개발될 것이다.

미국 NASA는 2030년 화성 탐사를 위해 2022년까지 달에 우주 탐험 전진기지를 구축해, 이곳에서 우주인들을 양성하고 2028년 화성 궤도를 도는 우주정거장 '마스(Mars) 베이스캠프'를 만든다고 한다. 유럽 우주국(ESA : European Space Agency)은 2030년에 달 기지를 만들어 2040년에 사람 100명을 달에 살 수 있는 문 빌리지(Moon Village)를 건설한다고 한다. 또한, 달에 있는 얼음을 녹여 수소와 산소를 만들어서 로켓 연료를 만들고, 헬륨3이라는 광물을 통해서 미래 핵융합 발전 원료로 활용한다는 계획이다.

우주 도시 개발에 대표적으로 필요한 것이 3D 프린터와 로봇이다. 우주 여행 도중에 기계 결함이 생겨 부품을 조달해야 하는데 모든 부품을 우주선에 싣고 다닐 수가 없어서 3D 프린터로 원하는 부품이나 물건을 만들어 써야 한다. 우주 공간은 물과 공기가 없고, 중력이 달라서 건물 짓는 방식도 다를 것이다. 모든 공정을 기계로 해야 하므로 혁신적인 방법을 찾아내야 한다. 우주 항해는 엄청난 돈이 들기 때문에 우주를 여행할 우주인들의 식자재 문제나 오랫동안 운항하는 데 지루하지 않기 위한 동면하는 기술 개발과 같은 바이오 기술들도 획기적으로 발전할 것이다.

이러한 거대 잠재시장을 선점하기 위해 선진국과 기업들은 수많은 실패와 천문학적인 비용을 투자하고 있다. 우리 기업들도 미래를 보고 지금부터라도 준비해야 하지 않을까 싶다. 낙후된 우주산업 분야에서 선진기업들과 경쟁력을 조기에 구축하려면 차별화된 전략을 가지고 접근해야 한다. 우리가 생각할 수 있는 전략은 인도나 러시아처럼 우주 관련 산업에선 선진국이나 자본력이 떨어지는 국가의 우주 기업으로부터 우주 관련 핵심기술이나 특허를 지금부터 매입을 시작한다. 잠재력이 있는 우주 기업 지분도 매입하고, 우수한 우주 인재를 영입하는 노력을 기울인다면 빠른 시간에 우주 선진국들을 추격할 수 있을 것이다.

장기적으로 천문학적인 자금이 들어가고 새로운 비즈니스 영역인 우주 산업을 기업체만의 힘으로는 성과를 기대하기 어려우므로 최소한의 마중물 역할은 국가가 주도해야 한다. 국가가 원대한 목표를 제시하고 관련 전략을 수립해 연구기관과 기업체, 그리고 대학교와 연계해 우수인력을 양성하고 세금 혜택과 병역특례와 같은 파격적인 지원책을 편다면 아직 늦지 않았다고 생각한다. 초고속 시대에는 산업혁명이 빠르게 전개된다. 남보다 많이 늦춰지거나 모르고 지나가면 엄청난 변화의 쓰나미에 쓸려 흔적도 없이 사라질 수 있다는 것을 명심하자. 선제적으로 대응해나가길 기대해본다.

4차 산업혁명 보고서 #2 ─────

4. 가상현실? 진짜야, 가짜야?

1990년 미국에서 제작된 공상 과학영화 〈토털 리콜(Total Recall)〉에서 가상으로 화성 여행을 떠나는 장면이 나온다. 의자에 앉아 헬멧을 쓰고 본인이 가고자 하는 여행지를 입력하면 마치 여행을 간 것처럼 최면에 빠진다. 영화 속 주인공은 현실과 가상현실에서 혼란을 경험하는 줄거리가 흥미진진하게 전개된다.

아직 영화와 같은 시대가 언제 올지 예측이 어렵지만, 가상현실은 빠르게 현실화되고 있다. 전 세계를 떠들썩하게 했던 일본 닌텐도 회사의 포켓몬 고(Pokemon GO)는 현실세계에 가상현실을 덧씌운 증강현실(Argument Reality) 기술을 활용했다. 포켓몬 고는 지역별 홍보도 가능하고 즐기면서 운동도 되는 게임이다. 다만 너무 몰두하다 보면 사고가 발생하곤 한다. 모두 경험해봤을 것이다. 만약 경험해보지 못했다면 당신은 시대 흐름에 뒤처진 것이라고 말하면 과한가? 지금이라도 경험해보기를 추천한다. '백문이 불여일견'이라는 속담이 있다.

증강현실 기술은 일상생활에서도 용도가 매우 다양하게 활용된다. 예를 들면, 전 세계 여러 언어를 여행 안내판 위에 가상으로 띄울 수 있다. 만약 중국 사람이 경복궁에 와서 증강현실이 적용된 안내판 위에 스마트폰을 갖다 대면 화면을 통해서 보면 중국어 안내판을 볼 수 있다. 경주 불국사 에밀레종에 증강현실 기능이 되어 있으면 에밀레종의 전설도 읽을 수도 있고, 제작과정 영상을 재현해놨다고 하면 볼 수 있다.

VR(Virtual Reality) 헤드기어를 쓰고 360도 입체 영상을 본 경험이 있을 것이다. VR 입체게임을 만들려면 카메라 17대가 필요하다. 일반 게임보다 메모리 용량이 17배가 더 필요하다는 의미로, 제작비도 당연히 비싸다. 지금은 헤드기어를 사용하지만, 앞으로 일반 안경 타입으로 VR 게임을 즐길 수 있을 것이다. 이 VR 기술은 다양하게 활용될 수 있는데, 현재 비행기 조종사들 시뮬레이션에 활용하고 있다. 물론 드론이나 자동차 운전 연습도 가능하다. 의사들도 가상으로 환자들 외과 수술 연습도 가능하다. 다양한 연구개발이 진행되고 있어서 여러분들 시대에는 일상이 될 것이다.

증강현실과 가상현실을 결합한 혼합현실 MR(Mixed Reality) 기술은 현실세계와 가상세계를 결합한 것이다. 유튜브에서 체육관에서 고래가 튀어나오는 영상에 모든 학생이 놀라는 장면은 유명하다. 미국 '매직리프' 회사에 만든 VR처럼 별도의 안경도 필요 없고, AR처럼 별도 장비도 필요 없다. 컴퓨터 그래픽을 활용한 것으로 소리와 냄새를 추가해서 사실적으로 표현한 것으로 구글, 애플과 같은 글로벌 IT 기업들이 개발에 속도를 내고 있다. MR 기술은 오감을 다 이용할 수 있어서 사실적으로 표현할 수 있는데, 화성에 가지 않아도 마치 화성에서 여행하는 듯한 경험을 제공한다. 이러한 가상현실은 게임, 실생활, 산업 전 분야에 광범위하게 이용할 수 있는 미래 유망한 산업 분야다.

5. 서울에서 부산을 30분 만에 간다고?

　노태우 대통령 시절, 시속 300km를 달리는 KTX를 도입하느냐 마느냐로 당시 많은 논란이 있었다. 2004년 첫 상용화된 KTX는 프랑스 TGV가 개발한 초고속 열차다. 이제는 기술 상용화 단계를 거쳐서 오히려 우리가 한국형 고속열차를 만들고 있다. 지금 생각해보면 당연히 초고속 열차를 만들어야 하는데, 쓸데없는 논쟁을 한 것이다.

　현재 서울에서 부산까지 시속 1,200Km로 마하 0.8 속도로 16분 만에 주파하는 아음속 캡슐 열차를 한국철도기술연구원에서 개발하고 있다. 튜브 속에 자기부상 방식으로 달리는 미래형 철도다. 2020년 이후 자율주행차가 보편화되면 철도산업이 급격히 위축될 수 있다.

　자율주행차(Self Driving car)는 운전기사 없이 무인 상태로 달릴 수 있는 차량이다. 만약 운전기사가 없는 무인 택시(Driveless car)를 이용한다면 택시비는 지금보다 약 60~70% 싸진다. 누가 기차를 타고 다닐까? 또한, 자율주행 트럭이 본격화되면 여러 트럭이 열차처럼 열을 지어서 달릴 수 있는 군집 운행이 가능하다. 목적지에 가기 위해 여러 번의 이동이 필요한 화물

열차도 경쟁력이 떨어질 것이다. 장기적으로 철도산업이 생존하려면 자동차 대비 더 빠른 속도의 열차가 필요하다.

미국 테슬라 모터스의 일론 머스크가 2013년 아음속 캡슐 열차라는 하이퍼루프(Hyper Loop) 개념을 아이디어로 내놓았다. 2017년 5월에 네바다주에서 100m를 5.3초간 순간 최고속도 70마일 시험주행을 마쳤다. 두 달 후인 7월에는 437m를 시속 190마일(시속 305km) 주행도 성공했다. 우리나라뿐만 아니라 일본, 인도네시아에서도 상용 서비스를 계획하고 있어, 2020년 이후에는 세계 여러 나라에서 실제 운행될 것이다.

시속 1,220Km로 비행기보다 약 1.5배가 빠른 진공 튜브 안에 붕 떠서 달리는 탄환 열차가 현실화하면 미래에는 하이퍼루프보다 더 빠른 미래열차는 무엇이 될까 여러분도 상상해보기 바란다.

처음 아이디어를 제시했을 때, 진공 속의 마찰을 기술적으로 해결하기 어려울 것이라고 반대하는 사람들이 많이 있었다. 결국, 고정관념에 사로잡힌 사람들은 새로운 아이디어가 나올 때 긍정보다는 부정적인 생각을 먼저 한다. 단지 안 되는 이유만 주장하는 경우가 많다. 이런 부류의 사람이 되면 안 된다. 그래서 도전은 어렵지만, 그 결과는 달콤하다.

6. 로봇과 결혼, 오 마이 갓

어릴 적 〈아톰〉이라든지 〈마징가 제트〉라는 만화영화를 보고 자랐다. 로봇에 대해 친근감이 있는 것이 사실이다. 현재는 산업용 로봇이 일반화되었다. 점차 로봇이 실생활에 많이 사용되고, 2020년 이후에는 가정마다 로봇을 한 대 정도는 가전제품처럼 사용할 것으로 예측한다.

일본 소프트뱅크 손정의 회장이 만든 '페페'는 대화형 로봇이다. 일본 노인들의 대화상대로 인기가 높다. 일본은 고령 인구가 많다. 한 달에 한 번도 이야기를 나누지 못하는 노인들이 많다고 한다. 페페는 사람이 물어보면 자연스럽게 대답해서 반려동물과 같은 역할을 하는 셈이다. 2014년 아마존닷컴이 '알렉사'라는 인공지능 비서 제품을 출시했다. 판매 실적이 좋다고 한다. 음성으로 알렉사에 궁금한 것을 물어보면 인터넷을 검색해 음성으로 알려준다. 앞으로 지금처럼 주인이 묻는 내용만 대답하는 기능을 뛰어넘어서 인공지능 비서로서 주인에게 질문을 던지고 사고하는 기기 개발에 1억 불을 투자하고 있다. 예를 들면, 오후 4시경 출출할 때쯤 알렉사가 "주인님, 뭐 좀 드시고 싶지 않으세요?"라고 물어볼 것이다. 그럼 주인이 뭘 먹으면 좋을지 물어본다면, 주인의 건강을 점검해 적절한 간식을 권유할 날도 얼마 남지 않았다.

로봇 청소기를 만드는 미국 룸바 회사는 2021년경에 집사(Bertler) 로봇을 만든다고 한다. 즉 지금처럼 바닥만 쓸고 닦는 로봇이 아니고, 집안 곳곳에 불필요한 물건을 치우고 쓸고 닦고 하는 집안 관리 로봇을 개발하고 있다. 피자나 햄버거 등 간단한 요리를 하는 로봇 요리사는 이미 나와 있다. 그뿐만 아니라 주식 거래를 하는 로봇 어드바이져, 신문기사를 대신 써주는 로봇도 있다.

미국에 신생 기업인 '줌 피자'는 동네마다 피자 로봇이 탑재된 피자 배달 트럭을 운영하고 있다. 배달 트럭 안에 피자를 만드는 로봇이 있어 동네 근처에서 피자 주문이 접수되면 주문한 가정에 도착하기 8분 전에 피자 로봇이 피자를 만들기 시작한다. 주문한 집에 도착할 때 막 구워낸 피자를 배달하는 것이다. 배달 중에 굽기라는 기술특허도 받았다. 마치 피자가게에서 주문해서 먹는 것과 같은 효과로 반응이 매우 좋다고 한다. 이와는 다르게 도미노 피자에서는 로봇을 이용해 피자를 배달하는 서비스를 2017년 5월부터 독일 함부르크에서 시작했다. 전 유럽으로 확대할 계획을 세웠다. 도미노 피자가게에서 주문받은 피자를 무인 자동 운전 택배 로봇 DRU(Domino's Robotic Unit)이 한꺼번에 10개를 배달할 수 있다. 로봇 안에 온도조절 장치가 있어 신선도를 유지하면서 시속 16km로 배달할 수 있다.

일본에서도 2017년 8월부터 초밥을 배달하는 로봇을 출시했다. 60인분의 초밥을 시속 6km로 배달한다. 우리나라는 배달의 천국으로 많은 사람이 배달 일을 하고 있다. 이러한 일자리도 조만간에 로봇에게 빼앗기는 것 아니냐는 우려를 낳고 있다.

2016년 말에 세계 로봇협회에서는 2050년경에는 인간과 로봇이 결혼하는 것이 합법화될 수 있다고 전망했다. 로봇과 인간이 결혼이라니 믿어지나? 그런데 요즘 동성결혼이 허용되는 국가가 많아지는 것을 보면 꼭 가상이라고만 할 수 없을 것 같다. 왜냐하면, 지금 일본에 동정인 남성이 약 300만 명이라고 한다. 이러한 남성들은 로봇과 결혼할 수 있지 않을까?

이렇게 로봇은 산업체뿐만 아니라 우리 실생활에 깊숙이 자리를 잡아가고 있기 때문에 로봇과의 공생이 불가피하게 될 것이다. 현재 우리나라는 산업용 로봇 시장에서 세계 4위

정도로 실력을 발휘하고 있다. 향후 성장성은 무한대다. 로봇은 복합적인 기술이 필요하므로, 다양한 분야의 인재가 필요한 미래 유망한 직업이다. 여러분도 도전해보기 바란다.

Industry 4.0

C H A P T E R

III

임원 되는 꿈,

이루자!

Industry 4.0

20~30세 밀레니얼 직장인 특성을 조사한 결과, 과거와 달리 사회적인 통념이나 남의 시선을 의식하지 않고 자기 적성에 맞는 업무를 택한다고 한다. 대기업이나 핵심부서에 가서 남보다 빠른 승진을 위해 힘들게 일하고 싶지 않다는 것이다. 도전보다는 안정을 택하는 경향이 강해 보인다. 경쟁이 심한 조직 생활도 싫고, 창업도 도전이 필요하고 실패가 두려워 별 관심이 없어 보인다. 안정적인 생활을 하면서 노후를 대비할 수 있는 경제적 안정을 취하고 싶다는 것이다. 그래서 조직 내에서 자신의 사생활이 침해받는다고 느끼면 상사에게 본인 생각을 전달한다. 그래도 안 되면 직장을 떠난다는 것이다.

이러한 현상은 50대 직장인들에게도 나타난다. 1년에 3~4번 만나는 직장 후배들이 비록 연봉이 내려가더라도 정년까지 오랫동안 근무했으면 좋겠다고 이야기한다. 후배 중 임원들도 있지만, 대부분이 임원이 안 된 부장들이라 그런지 퇴직하면 직장 구하기도 어렵고, 창업은 엄두조차 나지 않는다고 한다. 직장인 대부분이 입사 초기에는 열심히 일해서 임원이 되겠다는 꿈을 갖는다. 직장생활을 할수록 현실의 벽에 부딪히고 그러다 보면 자연스럽게 임원 되는 것을 포기하는 것이다. 대학 졸업 직장인 중 대략 1%만이 임원이 된다. 비슷한 실력을 갖춘 사람들이 치열한 경쟁으로 99%가 임원이 될 수 없는 현실에 부닥치는 것이다.

임원이 될 가능성은 희박하다고 생각되는 어느 순간, 그냥 포기하고 황금 같은 젊은 시절을 워라밸, 욜로족이라는 사회 풍조에 편승해 편하게 살려고 하는 것 아닌가? 밀레니얼 직장인들 처지에서 보면 회사 임원들이 가정도 포기하며 바쁘게 일하는 것을 보고, 왜 저리 힘들게 살까 하는 생각을 할 것이다. 조직 구조상 임원 자리는 한정되다 보니 조직을 위해 모든 것을 걸고 일하는 사람들의 자리일 수밖에 없다. 보통의 직장인들이 현실에 만족하면서 살아간다고 해도, 임원이 되고자 하는 목표를 가진 사람들은 이런 사회 분위기에 편승하면 안 된다.

세상은 상위 1%가 이끌어나간다. 임원이 되었을 때 사회적으로 높은 지위나 높은 연봉, 가장으로서의 당당함 등 힘들게 살아온 것에 대해 충분히 보상받는다는 것을 잊지 말자. 그러니 진정으로 임원이 되고자 하는 사람들은 사회 풍조에 휩쓸리지 말고 자신의 모든 것을 걸고 조직 발전을 위해 최선을 다해야 한다. 미국이나 유럽 선진국 회사들 임원들도 가정생활을 희생하면서 직장생활에 올인하고 있는 점을 간과해서는 안 된다.

명절에 조카며느리들이 와서, 남편이 매일 야근하고, 술 먹고 집에 늦게 들어온다고 야단 좀 쳐달라는 경우가 종종 있었다. 나는 "남편이 집에 일찍 들어온다는 것은 이미 경쟁에서 밀려난 것"이라고 했다. "동기나 후배가 임원이 되면, 임원 부인에게 사모님이라 부르는 게 좋겠냐?"라고 물으면 대답 못 한다. 그렇게 남편이 보고 싶으면 직장 그만두고 지금부터 부부가 같이 장사하라고 권한다. 따라서 워라밸, 저녁 있는 삶을 추구하고 있다면 이미 임원 되는 꿈은 멀어지는 것이다. 편하게 살겠다는 사람들은 이 책을 읽을 이유가 없다.

아래 인터뷰한 사람들 이야기를 보면 이 직장인들이 과연 임원이 되려고 하는 것이지, 아닌지 알 수 있을 것이다.

인터뷰 1
20대 중반 미혼 여성

20대 중반 미혼 여성으로, 대학교 졸업 후 싱가포르에 취업해 1년 6개월간 근무하다가 한국에 와서 1년 정도 휴식했다. 2019년 4월부터 호텔에서 근무를 시작했다. 아버지가 직장생활을 하셔서 다른 사람보다는 안정된 학창시절을 보냈고, 어학 습득에 사교육비가 들어갔다. 학교 다닐 때는 흙수저라고 생각했는데, 사회생활을 해보니 좋은 환경에서 태어나 자라온 것에 감사하다. 앞으로 개인 사업하기에는 여건이 안 돼서 직장생활을 한 20년 정도 한 후 퇴직해 남은 삶을 즐기고 싶다. 결혼은 좋은 배우자만 있다면 언제든지 하겠지만, 자녀를 가질 생각은 없다. 경쟁이 너무 심한 사회에서 자기 자식도 평생 경쟁의 굴레에 파묻혀 살게 하고 싶지 않기 때문이다. 배우자가 아이를 원해도 설득할 계획이다. 돈에 대해서는 큰 욕심은 없다. 그저 내가 편히 쉴 집 정도면 충분하다. 그러나 집값이 너무 비싸서 평생 벌어도 집을 살 수 없다는 생각에 집 사는 것은 포기했다. 소원이 있다면 최선을 다해 후회 없는 삶을 살고 싶다. 더불어 아름답게 늙어갔으면 하는 바람이다. 본인보다 어려운 청년들이 많다는 것을 알고 있어 현재 삶에 만족한다.

인터뷰 2
30대 후반 기혼 여성

어릴 적은 아버지가 기업체 대표를 하시는 덕분에 부자는 아니지만, 안정적인 환경에서 자랐다. 호텔 업계에 들어온 지는 약 8년 6개월 정도 되었고, 현재 직장생활에 만족하고 있다. 본인 나이가 요즘 젊은 세대와 아버지 세대의 중간적인 입장을 다 이해할 수 있는 낀 세대라고 생각한다. 건강이 허락되는 한 지금의 업무를 지속해 궁극적으로는 호텔을 경영하는 총지배인이 되는 것이 목표다. 남편도 직장에 다니는데 성직자처럼 묵묵히 일하는 조용한 타입으로 더디지만, 결국엔 잘 되리라 생각한다. 결혼 초에는 자식을 갖고 싶었으나 때를 놓쳤다. 만약 지금 아이를 갖는다면 내 삶도 힘들어지고, 태어날 아이도 힘든 삶의 연속일 듯해서, 아이를 갖겠다는 생각을 접었다. 물질적인 욕심은 크게 없으나, 오래된 차를 바꿀 수 있고, 친정집 부모님과 아담한 집을 지어서 같이 사는 게 소원이다. 여자로 태어나서 행복하다는 생각을 하고 있다. 사회적인 성공보다는 가족들과 행복하게 사는 것을 삶의 가치로 추구한다.

인터뷰 3
20대 후반 미혼 남자

공무원 하시는 부모님 밑에서 평범하게 자랐다. 입사 3년 차로 대학 전공에 따라 서비스업을 택해서 현재 직업에 큰 불만은 없다. 앞으로 계획은 2~3년 후에 독립해서 와인과 커피 사업으로 유명해지고 싶은 꿈을 가지고 있다. 현재 여자친구도 없고 결혼 생각도 없다. 자식은 낳고 싶지 않은데, 경제력 문제보다는 훌륭하게 키울 자신이 없기 때문이다. 근무가 맞교대로 돌아가서 한 일주일 푹 쉬었으면 하는 게 작은 바람이다. 요즘 젊은 세대들이 워라밸에 대해 이야기하지만 본인은 찬성하지 않는다. 요즘 젊은 세대는 유치원 때부터 직장에 들어오기까지 치열한 경쟁 속에서 살아와서 경쟁을 피하고 싶어한다. 그러나 산다는 게 경쟁을 피할 수 없기에 30년은 열심히 살아야겠고, 은퇴 후에는 어느 정도 여유가 있는 삶을 살았으면 하는 바람이다.

1

직장 출근하기,
좋아하는
사람 없다

"후회 없는 삶을 살았다"고 자신 있게 말할 수 있는 사람들이 과연 얼마나 될까? 사람은 죽을 때가 되면 살아온 행적이 영화처럼 재현된다고 한다. 한마디로 살아온 삶이 일장춘몽(一場春夢)처럼 스쳐 지나가는데, 아마도 기억에 남는 것은 고통스러웠거나, 행복한 순간, 그리고 여러 삶의 이벤트들일 것이다. 그리고 대부분 최선을 다하지 못했다는 후회를 한다고 한다.

삶을 30년 단위로 나누어보면 태어나서 약 30년간은 양육되고, 공부하고 성장하는 시기다. 30세부터 60세까지는 인생 황금기로 삶의 모든 것을 이루는 시기일 것이다. 그리고 사람마다 다르겠지만, 60에서 90까지는 현재로 보면 은퇴 시기로 보면 된다. 마지막 남은 생은 저세상으로 가기 위한 준비 기간일 것이다. 120세 시대에 최소한 30년간은 모든 것을 걸고 최선을 다해봐야 하지 않을까? 노력에 대한 결과가 누구나 만족하리라는 보장은 못 한다. 결과를 떠나 최선을 다하는 삶은 나름대로 인생을 제대로 살아온 것이 아닐까? 요즘 일부 대학생이나 청년들은 너무 인생을 즐기려는 성향이 강한 것 같다. 경쟁주도 사회에 희망이 보이지 않는 삶에 지치다 보니 일탈을 꿈꾸는 사람들이 늘어난 듯하다.

2016년에 처음 발간한 《4차 산업혁명 앞으로 5년》이라는 책의 인쇄와 관련된 강의료를 모교인 성균관대학교 정보통신 대학 장학금으로 맡겼다. 장학금은 대학교 2학년 학생 중, 전 학기대비 가장 성적이 향상된 학생에게 주기로 했다. 사전에 장학금 신청을 하고, 목표점수를 제시한 학생 중에서 선발하는 방법이다. 성적이 좋지 않은 학생들도 열심히 공부해 성적이 오르면 장학금 받을 기회를 주기 위함이었다. 대부분의 장학금이 공부 잘하는 학생들에게 집중되어 있어서 좀 다른 선발 방법을 택한 것이다. 2학년으로 제한을 둔 것은 대학 1년 차는 치열한 대학 입시 전쟁을 치른 만큼 공부를 열심히 하라고 할 명분이 적었다. 그래도 2학년 때 어느 정도 성적을 올려놓지 못하면 3학년부터는 쫓아가기 어렵기 때문이다. 최소한 2학년부터는 다시 마음가짐을 고쳐먹고 달리기 시작해야 한다.

출판과 강의로 번 돈으로 1년에 2명씩 '이경주 장학생'이 나오는 것이다. 장학생으로 선발된 학생들과 저녁을 같이하면서 학교생활과 각자의 삶의 비전을 들어보는 멘토링을 하는 시간을 갖는다. 1, 2기 장학생에게 각자 어떻게 살아갈 것이냐고 물었다. 1기 장학생은 사회적인 성공보다는 가족들과 함께 평범하게 살겠다고 했다. 왜 그런 생각을 하느냐고 물으니 아버지가 지금도 지방에서 직장생활하고 있다 보니, 가족과 같이 지낸 시간이 거의 없는 삶이어서, 아버지와 같은 삶을 살지 않겠다는 것이다.

반면, 2기 장학생은 여건이 되면 박사 과정까지 공부한 후, 회사에 들어가서 최고경영자가 되는 게 목표라고 했다. 두 장학생의 삶의 목표가 확연히 달랐다. 현재 두 학생 삶이 별 차이가 없어 보이지만, 30년 후를 비교한다면 완전히 다른 삶을 살고 있을 것이다. 저녁 식사 내내 1기 장학생을 설득하는 데 시간을 보냈다. 소위 말하는 고루한 꼰대 생각이라는 청년들도 있겠지만, 꼭 설득하고 싶었다. 1기 장학생의 2학기 성적이 1학기 대비별 차이가 없어서 물어보니 나름 공부했는데 성적이 안 올랐다고 했다. 삶을 여유롭게 즐기고 살겠다고 하면, 학생 때부터 데이트하고 여행 가고 놀지 왜 공부하냐고 물었더니, 취업해야 한다는 것이다. 회사에 들어가면 어떻게 일할 것이냐는 질문에 월급 받는 만큼만 일하겠다는 것이다. 사실 직장생활에서 정말 힘든 것은 일이 많은 것보다는 동기나 후배가 자기를 추월해 같은 직장에서 생활 하는 게 힘들다는 생각을 못 하는 것이다.

언제나 남과 비슷하게 노력해서는 앞설 수 없고, 결국 경쟁 사회에서 점차 밀리게 된다. 동료나 후배가 자기 상사가 되는 경우, 과연 직장 다닐 맛이 날까? 정신적인 스트레스가 상당할 것이고, 그러다 보면 직장생활에 적응하기 힘들어 다른 직장으로 옮길 것이다. 다른 직장에 가서도 같은 생활이 반복될 것이다. 결국, 사회 낙오자가 되는 것이다. 사회에서 자꾸 밀리면 가족들 삶도 같이 추락하고, 자식들도 어렵게 살 확률이 높아진다.

직설적으로 말하면, 열심히 일하지 않고 놀면서 살겠다는 것은 게으름의 자기 합리화다. 현재 성대 정보통신 대학에 다니고 있다면, 고등학교 시절 열심히 공부를 잘했던 학생이라 생각돼서 많은 이야기를 하면서 설득했다. 필자 대학교 친구 중 전자과가 적성에 안 맞는다고 회계사 공부를 하던 친구가 있었다. 결국, 회계사도 못 되고 전자과 졸업 성적도 안 좋았다. 당시 전자과 출신들은 평균 성적 3학점만 넘으면 대기업에서 장학금까지 주면서 모셔가던 시절이었다. 이 친구는 시험 봐서 어렵게 대기업에 들어갔지만, 2년 정도 직장을 다니다가 적응하지 못하고 중견기업으로, 다시 중소기업으로 전전하다가 결국 회사를 나왔다. 퇴직 후 부인이 하는 일을 도우면서 살다가 지금은 아파트 전기기사 일을 하고 있다.

30년이 지난 후 고등학교나 대학교 동기들을 보면, 대기업 임원, 외국회사 대표, 중견기업을 운영하는 친구들처럼 나름 성공한 친구들도 많다. 학창 시절 출발 선상은 같았지만, 30년 노력 결과는 상당한 차이를 보였다. 여러 설득에 조금 마음을 움직였는지 자기 삶의 목표를 재고해보겠다는 메시지를 보내왔다. 6개월 후에 다시 보니 성적도 오르고, 대학원 진학 등 열심히 살아보겠다고 했다. 이런 반응이 멘토에게는 기쁨으로 돌아온다. 당신은 어떤 삶을 살고 싶은가? 지금 편하게 살고 점차 나이가 들면서 힘들게 살 것인지. 최소한 30년 열심히 보내고, 여생을 후회 없이 살고 싶은지 각자 생각해보길 바란다.

여유로운 직장생활을 꿈꾼다

요즘 대기업에 다니는 직장인들은 부모 대부분이 사회적 위치가 탄탄한 편이다. 그래서 자녀들에게 조금이라도 물려줄 재산 정도는 보유한 소위 중·상류층 가정 출신이다. 금수저까지는 아니더라도 궁핍하지 않고, 사교육도 웬만큼 받은 은수저에 해당하는 계층이다. 그러다 보니 치열한 경쟁 속에서 빠른 승진이나 돈을 많이 벌어야 한다는 생각보다 안정된 직장에서 안락한 생활을 영위하려는 경향이 짙다. 이런 직장인들은 아버지가 직장생활에 올인(all-in)한 가정에서 대부분 성장했다. 아무래도 어릴 적 아버지와 같이한 시간이 거의 없어서 자신은 아버지처럼 가정을 돌보지 않는 삶을 살지 않겠다고 하는 것 같다.

요즘 맞벌이 부부는 결혼하더라도 자식을 꼭 낳겠다는 부부의 비율이 낮다. 자식 양육에 많은 돈과 시간 투자를 해봤자 돌아오는 게 거의 없다는 것을 알기 때문이다. 50·60세대들은 결혼할 당시 미래가 불확실했기 때문에 자식들을 잘 키워놓으면 노후에 용돈도 받고, 아프면 병간호와 같은 효도도 받을 수 있다는 기대가 있었다. 하지만 현실은 그

반대가 되었다. 50·60세대들은 부모님을 봉양하고, 생활비와 용돈도 드리고, 자식들 학자금, 유학 비용까지 책임지고, 더 나가서는 자식들이 결혼할 때 있는 집이라도 팔아서 결혼 자금과 집 장만을 도와야 하는 시대가 된 것이다.

심지어 손자들까지 키워주기 위해 노부부가 생이별하는 예도 있다. 남들 가는 해외여행도 제대로 한 번 못 가는 신세가 되는 경우도 많다. 게다가 손자들 유치원 비용이나 고액의 외국어 사교육비도 부담하는 사람들도 있다. 부모들이 연로해서 아프게 되면 요양병원으로 갈 수밖에 없는 현실을 인식하지 못하는 것 같다. 부모 입장에서는 자식들은 내리사랑이라고는 하지만, 아무리 자식들에게 잘 해줘도 자식들로부터 돌아오는 게 거의 없다는 것을 알아야 한다.

젊은 부부들은 아이를 낳아봤자 혜택보다는 죽을 때까지 끊임없이 희생만 하는 부모 모습만 봐왔으니 과연 아이를 낳고 싶겠냐는 말이다. 아이를 낳아서 평생 뒷바라지하는 대신, 주중에는 법적으로 정해진 시간에 일하고, 주말에는 호캉스하고, 징검다리 연휴 때는 연·월차 휴가를 내서 여행 다니고, 자기가 하고 싶은 일을 즐기면서 사는 젊은 부부가 늘어날 수밖에 없다.

부모 세대들 수명이 늘어 증여나 상속이 늦어지고 있다. 하지만 부모가 죽으면, 부모 재산을 상속받을 수 있어서 돈을 열심히 모을 필요성이 더욱 적어진다. 대기업 직장인들이 대부분 이런 환경에 있다 보니 굳이 치열한 경쟁을 하면서까지 스트레스를 받고 살 이유가 없다는 것이 요즘 젊은 직장인들 생각이다.

2019년 8월 20일 자 〈중앙일보〉 라이프 트랜드 지면에 워라밸 시대 직장의 풍속도를 읽으면서 깜짝 놀랐다. 워라밸은 'Work and Life Balance'의 준말로 일과 삶을 균형 있게 살자는 뜻이다. 요즘 청년들에게 《하마터면 열심히 살 뻔했다》, 《아, 보람 따위 됐으니 야근 수당이나 주세요》라는 책들이 베스트셀러로 떠올랐다. 연봉이나 복리후생이 만족스럽지 않으면 미련 없이 사표를 던진다는 것이다. 이런 사회 분위기에 기업체에서는 안식월이라는 제도를 앞다투어 도입하고, 실제로 많은 직장인이 사용한다. 아무리 환경이 변한다고 해도 놀면서 저절로 얻어지는 것은 결코 없다. 변하지 않는 진리다.

우리는 태어날 때부터 치열한 경쟁을 뚫고 이 세상에 태어났다. 수억 개 정자 중 가장 먼저 난자와 결합한 최고로 빠르고 건강한 유전자를 갖고 태어나는 것이다. 생존을 위해 경쟁은 숙명적이다. 인간뿐만 아니고 모든 삼라만상의 생물체는 경쟁을 피할 수 없다. 그렇게 워라밸을 추구하는 삶을 살고자 한다면 공부는 왜 하며, 먹여주고, 키워주고 하는 부모님들의 삶의 희생은 왜 당연하다고 생각하는지 모르겠다.

부모세대가 열심히 살아온 것은 내 자식들을 사회적 지위도 있고, 먹고사는 것에도 여유가 있기를 바라면서 희생한 이유가 가장 클 것이다. 하지만 안타깝게도 요즘 청년들은 자신들만 생각하는 것 같다. 일하지 않으면 도태되고 결국 생활이 궁핍해진다. 대충 주어진 일만 하고 인생의 황금기인 청년 시절을 워라밸로 산다면 은퇴 후에는 어떻게 살려는 것인가?

퇴직 후 길고 긴 생애를 정부가 주는 보조금으로 버틸 것인가? 아니면 부모님 재산을 물려받아서 살겠다고? 결국, 남에게 의존해서 사는 삶이 될 텐데, 그것이 과연 올바른 삶일까? 지금처럼 취업이 어려운 시대에 취업한 청년들은 어느 정도 사회적으로 기반을 갖췄을 것이다. 취업 못 한 취준생들 입장이라면 참으로 부러운 일일 것이다. 원하는 취업만 한다면 정말 열심히 일해서 부모님께 효도도 하고, 단란한 가정도 꾸미고, 노후 준비도 하겠다는 꿈이 있을 것이다.

막상 어려운 취업 관문을 통과해 직장생활을 하게 되면 마치 개구리가 올챙이적 시절을 잊어버리는 경우가 허다하다. 모든 결과는 노력이라는 고통의 시간을 견뎌내고 달콤한 성과를 얻는다. 오리는 알껍데기를 깨는 고통을 통해 살아가는 힘을 얻는다. 만약에 새끼 오리가 힘들어 보여서 엄마 오리가 알에서 깨어나오는 것을 도와주면, 그 새끼 오리는 얼마 안 돼 죽는다고 한다. 스스로 생존능력을 갖추지 못했기 때문이다.

인생을 즐기면서 편하게 살고 싶다. 모두가 원하는 삶이다. 그러나 그렇게 쉽게 되는 예는 없다. 워라밸 관련 책을 써서 베스트셀러 작가가 된 사람은 과연 직장생활 경험이 있었을까? 있다 하더라도 최선을 다하지는 않았으리라 생각된다. 그러나 비록 조직 생활에는 적응하지 못했지만, 책을 쓰기 위한 각고의 노력 끝에 베스트셀러 작가가 될 수 있었을 것이다.

직장, 누구나 다니기 싫다

취업 전에는 입사하면 소원이 없겠다고 말한다. 그러다 취업 통지서를 받게 되면 복권에 당첨된 것처럼 기뻐한다. 막상 직장에 다니다 보면 녹록지 않은 현실과 마주친다. 신입 시절에는 업무를 배우고 적응하느라 시간이 정신없이 지나간다. 대리급 정도 되면 회사 비전, 자신의 경쟁력, 성과 평가, 선후배 관계 정립 등 보이지 않는 경쟁 속으로 빠진다. 점차 신입 시절의 굳은 각오가 어느새 사라진다. 남들은 못 들어와서 안달 난 직장인데도 막상 들어와보니 본인이 이런 회사에 들어오려고 그렇게 공부하고 스펙 쌓기에 노력했는지 회의감마저 들기 시작한다.

그나마 일을 잘해서 윗사람 평가도 좋고 선후배 관계가 좋으면 몰라도, 동기는 잘나가는데 경쟁에서 밀린다는 생각이 들면 더욱더 직장 다니는 게 힘들어진다. 그러나 주위를 쭉 둘러봐라. 실제 당신 동료뿐만 아니라, 간부들 하물며 임원이나 사장도 직장 다니기를 좋아하는 사람은 거의 없다. 얼른 깨달아야 스트레스가 줄어든다. 간부들이나 임원들도 과중한 업무 스트레스와 경쟁을 좋아할 사람은 누구도 없다. 다만, 조직 내에서 할 일과 책임이 있어서 묵묵히 견딜 뿐이다. 사람마다 다소 차이는 있겠지만, 모든 조직은 서로 다른 환경에서 자라온 사람들이 조직 목표 달성을 위해 모인 집단이라, 직장인들의 희로애락은 유사하다.

직장생활에 잘 적응하지 못하면 사실상 끈기 있게 다니기 어렵다. 결국은 다른 곳으로 이직한다. 그러나 직장을 옮겨봐도 어느 정도 지나면 또 같은 생각이 든다. 여전히 직장생활이 피곤해진다. 직장생활은 상사와의 관계, 업무 선호도, 조직원 간 유대감 등 여러 가지가 복합되어 있어서 항상 좋을 수도 없고, 나쁠 수도 없다. 직장 다니기 싫어지는 슬럼프는 누구에게 오는 현상이다. 이를 이겨내면 전화위복이 되는 경우도 많다. 소신 있게 최선을 다하는 모습이 중요하다.

직장은 나를 위해 다니는 거다

필자에게 직장생활은 가정을 일으킬 수 있는 인생 최대 기회였다. 편모슬하에 가난하고 어려운 어린 시절과 학창 시절을 겨우 마쳤다. 어렵사리 시작한 직장생활은 생존과 직결되어서 모든 일에 적극적이고 주도적으로 일하려고 노력했다. 입사 면접 당시, 면접관들이 정말 멋져 보였다. 그 덕택에 나도 나중에 면접관, 임원 그리고 비서실 근무를 하겠다는 3가지 목표를 설정했다. 그리고 동기들보다 진급이 늦어진다면 사표를 쓰겠다는 각오로 회사 일에 모든 인생을 걸었다. 어렵게 자라온 환경이 회사에 들어와서는 많은 도움이 되었다. 다시는 추락할 수 없는 밑바닥에서부터 인생을 출발했기 때문에 투사처럼 일했다. 만약에 회사를 나온다고 해도 어떤 일도 잘할 수 있다는 자신감 충만한 회사 시절이었다.

현재 삼성전자에 입사하려면 수많은 경쟁률을 뚫고 들어가야 하지만 80년대에는 고도 경제 성장기로서 대학 출신 인력이 절대적으로 부족했다. 특히 IT 붐이 일어나면서 전자과 인력들이 턱없이 부족해 대기업마다 대학 졸업생 선확보 경쟁이 벌어졌었다. '만약 지금처럼 입사 경쟁이 치열했다면 과연 삼성에 입사할 수 있었을까?'라는 생각을 해보곤 한다.

1985년 12월에 삼성전자에 취업해 처음에는 KT(한국통신)에 국설 교환기 영업기술을 담당하는 영업부서에 배치되었다. 4년 후에 국내 영업부문 상품기획부서로 옮겨서 당시 700번 서비스로 히트 친 전화 노래방이나 ARS 시스템과 서비스를 직접 기획하고 판매도 주도했다. 이때 직속 담당 이사의 부당한 업무 지시에 항거해 첫 번째 사표를 던지기도 했던 시절이었다.

이후, 한국이 IT 기기 강국의 초석이 되었던, 무선호출기(pager)와 휴대폰 상품을 기획했다. 과장 시절, 삼성전자 주력사업으로 성장한 휴대폰 사업기획을 사장 직속 총괄기획실에서 담당했다. 부장 시절에는 휴대폰뿐만 아니라 이동통신 장비까지 관장하는 총괄기획 그룹장으로 가장 열심히 일한 시기였다. 회사 성장에 이바지한 자부심을 느끼고 직장에 다녔다. 정보통신 총괄기획 그룹장과 임원이 되면서 총괄기획팀장으로 일했던 순간이 하이라이트였다. 일이 많아서 몸은 고됐지만, 존경하는 윗분들을 모시며 많은 것을 배웠다. 열심히 일한 덕분에 업무평가도 항상 최고 등급을 달성했고, 이로 인해 특진도 해 입사 동기 중에서 가장 선두그룹을 달렸다.

삼성전자 27년간 근무하는 동안에 주로 전략과 기획부서에서 약 20년을 근무했다. 운 좋게도 훌륭했던 사장 8분을 직접 모셨다. 신입사원 1년 차에 스위스 제네바에서 열리는 '텔레콤 87'에 전시할 제품에 대한 품의를 올릴 때, 당시 강 사장께 직접 결재받은 게 처음이었다. 꿈처럼 생각하던 사장 친필 코멘트가 적힌 결재서류가 마냥 자랑스러웠다.

대리 시절에 페이저와 휴대폰 상품기획 담당자로서, 사장 주재 페이저 대책회의에 가장 낮은 직급으로 처음 참여했다. 1993년도, 국내 페이저 시장 규모와 시장 점유율이 지속해서 떨어지고 있었다. 사업전략 방향을 결정하기 위해 영업 임원, 개발 임원, 상품기획 부장만 하는 소수 회의에 참석했다. 회의 결과, 당시 남궁 사장이 페이저 탄막을 형성하라는 지시가 떨어졌다. 군대에서 육상 대공포로 비행기를 격추시키려면 비행기 진로 앞부분에 난사하는 것을 탄막 전략이라 한다. 페이저는 성숙기 사업이라서 개발비 투입을 최대한 자제하고, 디자인 변경만으로 모델을 다양화시켜 물량으로 시장을 공략하라는 것이었다.

사장 주재 회의에 처음 들어가 의사결정을 내리는 과정을 본 것은 필자에겐 행운이었다. 그리고 대리 직급으로 사장 주재 회의에 참여했다는 것 자체가 자랑스러웠다. 그러나 사장 주재 회의가 끝난 후, 충격적이었던 일이 벌어졌다. 다음 날 전격적으로 상품기획팀장이 교체된 것이다. 월급쟁이 간부들 목숨은 한순간이라는 생각이 들었고, 절대 잘리지 않는 사람이 되겠다는 다짐을 했다.

비록 말단이었지만, 정보통신 총괄 기획실로 부서를 옮긴 후 휴대폰 사업을 담당했다. 사장이 직접 주관하는 회의에 들어가서, PT도 하고, 회의록도 정리하면서 많은 것을 보고 배웠다. 사실 사장 주관 회의록을 작성하기가 쉽지 않았다. 회의에 참석하고 회의록을 쓰면서 회사 돌아가는 상황을 한눈에 파악할 수 있게 되었다. 영업이나 상품기획 부서에 있을 때는 부장 주재 회의 정도나 참석했는데, 사장이 주관하는 회의를 참여하면서 임원들 특성도 파악하고, 임원들이 보고하는 방법과 사장이 의사결정을 내리는 것 등 흥분의 연속이었다.

남궁 사장 후임으로 모토로라 한국 사장을 했던 박 사장이 오셨다. 첫인상은 상당히 온화하게 느껴졌는데, 카리스마가 있었고 주량은 100명을 상대할 수 있는 만큼 체력이 대단하신 분이었다. 한국에 몇 안 되는 글로벌 인재로서, 삼성 휴대폰을 글로벌 경영 체제로 바꾸려고 특별히 영입했다. 당시 페이저 매출이 계속 떨어지는 상황이라 남궁 전 사장처럼 박 사장도 페이저에 대한 전략에 대해 보고하라는 지시가 내려왔다. 한 달 정도 개발, 영업, 제조, 그리고 페이저 사업자들을 만나서 자세히 분석했다. 결국, 페이저 사업은 더는 장래성이 없다는 결과를 얻었다.

페이저를 담당했던 개발과 영업, 그리고 생산부서 임직원들은 페이저 사업을 키워야 한다고 주장했지만, 국내 시장 규모가 1,500만대를 기점으로 내리막길이었다. 수익성도 악화해 사업을 접어야 한다고 사장에게 직접 보고했다. 페이저 사업을 접고, 페이저의 모든 자원을 새롭게 시장이 급성장하는 휴대폰 사업으로 집중하는 게 좋다고 보고했다.

말단 대리가 사업을 접자고 보고하는 자체가 쉬운 일은 아니었다.

하지만 지금 생각해도 잘한 결정이었다. 사장 결재가 나자마자 인사 임원은 페이저 부서 전 인력을 휴대폰 부서로 재배치했다. 관리 임원에겐 페이저 사업을 정리하라는 지시로 순식간에 실행되었다. 삼성의 강점은 한번 방향이 정해지면 신속하게 일을 처리한다는 것이다. 속도가 곧 경쟁력이었다.

30대 배우고, 40대 행하고, 50대 가르친다

SW 엔지니어로서 회사에 입사한 지 얼마 안 된 후배가 월급이 적은데 일은 힘들어서 계속 다녀야 하는지 고민스럽다고 물어본 적이 있었다. 그래서 하는 일은 재미가 있고 미래 유망한 분야냐고 물어봤는데, 그렇다는 답변이었다. 회사 입장에서 보면 신입사원이나 주니어 사원들은 회사 이익 창출에는 큰 기여가 없지만, 투자 개념으로 키우는 것이기 때문에 보수에 너무 연연하지 말라고 했다. 회사에서 일도 가르쳐주면서 돈까지 주니 좋은 것 아니냐고 물었다. 회사 생활 10년이 넘는 40대가 되어야 비로소 회사의 주역으로서 경영에 도움이 되기 때문에 월급도 오르는 것이라고 했다. 40대에 열심히 성과를 내다보면 50대에 임원이 될 수 있는데, 임원이 되면 자신이 가지고 있는 모든 경험과 지혜를 기반으로 회사 경영에 직접적인 영향을 끼치기 때문에 급여도 많아지고 다양한 혜택을 받는 것이라고 했다. 결국, 20년 이상 경험을 쌓고 회사 주역으로서 역할을 하게 되면 보수와 명예는 따라오는 것이라고 했더니 이해된다는 답변이었다. 사실 직장생활은 단거리가 아닌 마라톤과 같은 장거리 경쟁이기 때문에 중간에 많은 우여곡절을 겪을 수밖에 없다. 극한의 고통을 인내하면서 자신이 목표로 한 골을 달성하는 자가 성공한다는 개념이다. 그러나 요즘 청년들은 단기간에 성공해야 한다고 생각해 짧은 시간 안에 목표한 성과를 내지 못하면 쉽게 포기하는 경향이 있는데 생각해볼 문제다.

경쟁한다면 반드시 이겨야 한다

요즘 청년들은 경쟁은 가능하면 피하려는 풍조가 만연하다. 필자는 어릴 때부터 경쟁에 내몰려 살아와서 그런지 경쟁은 당연하다는 생각이다. 우리 세대는 대학시험도 예비고사와 본고사만 보면 당락이 결정되었다. 시험 성적 하나로 모두 집중된 경쟁 구도였다. 지금 수험생들은 수능시험 성적만으로 대학 가는 시스템이 아니다. 오히려 수험생 대부분을 시험 성적보다 학교 내신부터 각종 대회 참가까지 폭넓은 영역을 평가해서 뽑는다고 한다. 여기에 논술이나 대학 적성 고사 등 대학마다 요구하는 조건이 달라서 입시 컨설팅을 받아야 할 정도다. 너무 복잡

하니 고도의 입학 전략이 필요하다. 부모나 학생 모두 얼마나 힘들겠는 가? 수험생 혼자 도저히 해결이 어려워 부모들이 나서야 하고, 입학컨 설팅도 받아야 하니, 가정형편이 어려운 학생들은 원하는 대학에 들어 가기 어려운 구조가 되었다. 이렇게 대학 들어가는 방법이 다양하다 보 니 집안 배경이나 교육환경이 좋은 학생에게 유리한 구조가 되었다.

우리 세대는 고도 경제성장 시대를 잘 타고나서 대학만 졸업하면 대 부분이 무리 없이 취업할 수 있었다. 그러다 보니 대학 다닐 때, 낭만도 찾을 수 있었다. 친구에게 대리출석을 부탁하고 수업시간에 나가서 당 구도 치고, 술도 마시곤 했다. 지금 대학은 학점에 목숨을 거는 형국이 라서 낭만이라는 게 사실상 사라졌다. 더군다나 취업 전쟁은 가파른 취 업 절벽을 올라가야 하는 만큼 치열하다.

입사 시험도 우리 세대는 1차 시험과 2차 면접을 통과하면 무난히 합격했다. 대학 졸업자 공급 부족으로 회사가 생각하는 일정 수준의 대 학성적이면 일단 합격시킨 후, 직장에서 1~2년간 각종 교육을 통해 직 장이 원하는 인재로 키웠다.

그러나 지금은 취업 경쟁이 치열하다 보니, 회사들은 입사 전에 직 장에서 필요로 한 역량을 갖춘 인재들만 뽑으려고 한다. 취업 전에 필요 한 스펙을 쌓으려니 학생들이나 부모들 부담이 만만치 않다. 영어 성적 은 기본이고, 인·적성 검사, 집단 토론, PT, 그리고 역량 면접, 임원 면 접까지 취업 과정이 참 험난하다. 입사 시험이 고시 시험보다 어렵다고 도 말한다. 대학마다 취업을 위한 면접 강좌를 개설하는 등 취업률 높이는 경쟁이 치열하고, 퇴직한 대기업 인사 출신들이 면접 보는 비법 강의에 많은 취준생이 몰리는 게 하나의 사회 현상이 되었다.

우리 세대는 직장에 들어가면 연공서열이 승진의 주요한 잣대로서, 일정 기간 지나면 승진 기회가 주어졌다. 대부분이 어느 직급까지는 승진할 수 있어 안정적인 생활이 보장되었다. 그러나 최근에는 회사들이 직급을 파괴하고 있어, 조직 내에서도 경쟁의 모수가 커지고 있다. 사원이 대리로 승진하려면 과거에는 동기들끼리 경쟁했었는데, 지금은 선후배가 뒤섞여 경쟁한다. 한번 경쟁에서 밀리면 복구할 길이 없다.

기업 입장에서는 유능한 사람을 조기에 발굴해 특진 또는 발탁을 통해 조직에 활력을 넣을 수 있어서 좋겠지만, 당하는 직원들은 무한 경쟁에 내몰릴 수밖에 없다. 지금까지 치열한 경쟁을 뚫고 대학교에 진학하고, 회사에 입사했는데 여기서 주저앉으면 안 된다. 생존 경쟁은 인간들만이 하는 게 아니다. 밀림지대 동물, 그리고 식물들도 생존 경쟁을 하고 있다. 피할 수 없으면 경쟁해야 하고, 경쟁하면 이겨야 한다.

90년 초반 우리나라에 ARS(자동응답기, Automatic Response System)와 페이저, 소위 '삐삐'가 막 들어오던 때였다. ARS는 고객들이 회사에 전화하면 음성 메시지가 나오면서 "1번 누르세요, 2번 누르세요" 하는 것이다. 처음에는 자금 이체 용도로 사용해서 은행에서부터 시장이 형성되었다. 애초에는 삼성전자 컴퓨터 사업부에서 추진했는데, 은행권 외에는 수요 확대를 하지 못했다. 당시 컴퓨터 전문 업체였던 삼보컴퓨터가 ARS 전문기업으로 인식되어 국내 시장을 주도하고 있었다. 그때 필자의 업무가 PABX 담당에서 ARS, VMS(Voice Mail System, 전화 사서함) 시스템까지 상품기획하도록 업무영역이 넓혀졌다.

중견기업인 삼보컴퓨터가 PC 전문 회사로 나서면서 국내 ARS 시장 70%를 장악하고, 삼성이 20% 정도 시장점유율을 차지했으니 삼성으로서는 자존심이 상하는 일이었다. KT(한국통신)에서 대형 ARS, VMS 시스템을 대규모로 구매할 계획을 알게 되어, 하나의 시스템에서 ARS와 VMS 기능이 모두 되는 256회선용 대용량 시스템을 상품 기획해 개발했다. 그리고 컴퓨터 사업부에서 주도했던 사업을 우리 정보통신 쪽으로 이관받았는데, 당시 컴퓨터 담당 부장이 사업 조정 회의석상에서 필자에게 종이컵을 던지는 상황까지 벌어지는 등 고 수익률 구조의 빼앗기기 싫은 신규 유망사업이었다.

당시 소위 삐삐라는 페이저가 1,500만 명까지 보급되어서 전화 사서함에 음성녹음을 남기는 VMS 수요가 급증했다. KT에서는 일반 사업자들이 ARS 시스템으로 음성 서비스 사업을 하면 전화 요금에 음성 서비스 요금을 포함해 수금한 돈을 음성 서비스 사업자들에게 주는 700번 서비스를 시행했다. 700번 서비스는 전화 노래방, 오늘의 운세를 전화로 들려주는 전화 서비스로, 당시 최고 히트 통신 서비스 상품이었다.

대용량 시스템 수요가 급증했고, 이때 시스템 회선 판매가격을 250만 원으로 정했는데, 원가는 약 40만 원이라 이익이 80% 나오는 구조였다. 당시 폭리라는 내부의견도 있었지만, 개발비가 많이 투자됐고, 이 시스템을 가지고 사업을 하는 사람들은 3~6개월이면 시스템 가격을 다

뽑을 수 있었다. 시간이 지날수록 엄청난 수익을 봤기 때문에 장비 가격이 비싸다고 하는 사람들은 없었다. 대부분 제품가격을 매길 때 재료비와 원가를 기준으로 판매가격을 결정한다. 하지만 필자는 수요와 시장 상황을 보고 상품 가치를 분석해 결정했다.

결과적으로 수요가 급증해 한마디로 대박을 터트렸다. 우리는 기존 제품을 완전히 새로운 제품으로 만들어 경쟁자 없이 시장점유율을 20% 대에서 70% 이상 끌어 올렸다. 시장을 잘 보고 선행적으로 시장을 주도할 제품을 적기에 출시한 결과 시장을 장악해버렸다.

2

회사와 상사는
이런 직원을
승진시킨다

일을 주도하는 사람에게 회사는 집중한다

직장이나 모임은 일을 주도하는 사람과 따라가는 사람, 둘로 쪼개진다. 일을 맡겨보면 지시를 받는 태도가 다양한데, 적극적인 부하, 그냥 알겠다는 부하, 마지못해 지시를 받는 부하로 나뉜다. 상사가 업무를 분배할 때는 모든 상황을 고려하는 것이 기본이라 상사 업무 지시는 고맙게 받아야 한다. 일을 많이 한다는 것은 유능하다는 뜻이기도 하기 때문이다.

사례를 들어보면, 신규 사업 진출과 같은 전략을 만들기 위해 여러 부서 사람들을 모아 TF(Task Force)를 구성하는 경우가 많다. 여러 부서에서 TF로 차출되어 온 사람들은 해당 부서의 핵심 인력이 아닌, 보통은 신입사원들이나 일을 중간 정도 하는 사람을 보낸다. 자신이 속한 부서 일이 아니므로 TF에서 시키는 일이나 하는 소극적인 태도를 보이는 사람들이 많다. 이런 생각을 하는 사람들은 조직을 주도할 인재로 커나갈 수 없다. TF 활동은 자신이 경험하지 못한 새로운 일이 많아서 새로운 지식을 배울 기회가 된다. 스스로가 좋은 기회를 버리는 꼴이 되는 것이다.

보통은 TF를 주도하는 사람이 업무의 약 70%를 하고 나머지 사람들은 지시하는 것만 한다. 업무를 주도하는 사람들은 책임감으로 인해 다른 사람보다 고민도 많이 해서 자연스럽게 조직을 주도하는 리더가 된다. 자신이 잘할 수 있는 부분에서는 주도해야지, 타인의 들러리가 되어서는 안 된다. 들러리로 대충 일하는 사람들도 프로젝트에 동참했지만, 모든 최종 결과의 과실은 프로젝트를 주도하는 사람이 가져간다. 얼마나 억울한가? 절대로 다른 사람이 자기 등을 딛고 올라가게 하는 디딤돌 역할을 해서는 안 된다.

시간은 생명이다. 시(時)테크를 시작한다

요즘은 탄력 근무제로 출퇴근이 자유로워졌다. 불과 몇 년 전만 해도 퇴근 시간은 관리하지 않지만, 출근 시간만큼은 엄격하게 지켰다. 직장인이 지각을 밥 먹듯이 한다면, 그런 사람들은 이미 경쟁에서 뒤처진다는 신호다.

과거에 신입이나 경력사원이 부서에 배치되는 날이면 입사 환영식으로 회식 자리를 갖는다. 술버릇은 어떤지, 주량은 얼마나 되는지, 다음 날 출근은 어떻게 하는지를 보기 위해 신입사원에게 몸이 이기지 못할 정도로 술을 먹이기도 한다. 보통 신입사원들은 소위 말하는 군기가 바짝 들어 있어서 선배들이 주는 대로 술을 받아 마시다가 화장실에서 토하고 들어와서 또 마시는 사람들도 있었다.

당시에는 군대 문화가 사회 저변에 확산해 있던 시기라서 술을 참무식하게도 마셨고, 술을 강권하는 시대였다. 신고 있는 구두를 벗긴 후구두에다 술을 부어서 마시게 한다든지, 술을 강제로 돌아가면서 원샷으로 마시게 한 후, 마지막에는 남아 있는 모든 술을 큰 그릇에 다 부은후에 돌아가면서 있는 술을 교대로 다 먹도록 하는 것이다. 그렇게 고주망태가 돼서 집에 갔다가 아침 8시 전까지 출근해야 하니 얼마나 힘들었겠는가?

기억에 남는 일화가 있다. 신입사원이 우리 기획부서에 배치된 날, 관례대로 저녁 회식 때 엄청 술을 마시게 됐다. 다음 날, 신입사원이 1시간 정도 늦게 출근했다. 선배들은 모두 정시에 출근했는데, 왜 늦었냐고 물어보았다. 그러자 그 사원은 시계 알람이 안 울려서 늦었다는 변명을 했다. 어떻게 사회 첫발을 딛는 신입사원이 자기 인생을 시계에 걸고 사는지 모르겠다고 하면서 집으로 가라고 했다. 직속 담당 임원이 신입사원에게 지각했으니 집에 가라고 하니 얼마나 큰 충격일지 상상할 수 있겠는가. 밖에서 사무실로 들어오지도 못하고 있어서, 약 2시간이 지난 후 들어오라고 했다. 이 신입사원은 그 이후 어떠한 경우라도 단 한 번도 지각을 한 적이 없다고 한다. 그날 지각으로 아찔했던 경험이 시간 관리를 철저히 하게 된 계기가 되었다고 고마워했다.

삼성은 출근이 빠르기로 유명하다. 이건희 회장 시절 '7.4제'라고 불렀다. 회사 출근은 7시까지 하고, 당시에는 파격적인 4시 퇴근 제도를 강하게 추진했다. 그러나 얼마 안 가서 원래대로 돌아갔는데, 문제는 사회 전체 시스템이 8~9시에 출근하고 6~7시에 퇴근하다 보니 4시에 퇴근할 수가 없었다. 출근만 당겨놓고 퇴근은 이전과 같아져서 직원들 불만이 가중되어 당시에는 파격적인 출퇴근 시스템이 정착하지 못했다. 지금이야 주당 52시간이 법제화되고 어길 시 대표자가 구속되는 현실이라 과거와는 다르다.

6년 전, 삼성 임원들은 7시에 출근하라는 회사 명령이 떨어져 자연스럽게 임원들 근무시간이 늘어났다. 그저 임원이라는 자리가 임시직이라 어디 하소연도 못 하고 일찍들 출근했다. 필자는 임원 된 후로 특별한 사유가 없으면 새벽 5시에 출근했다. 출근해서 운동, 샤워, 아침 식사를 함으로써 아침 교통난도 피하고 하루 업무도 계획하는 것을 습관화했다. 전날 과음이라도 한 날이면 일어나기가 너무 힘들었지만, 이 시간을 넘기면 출근 시간이 길어지므로 정신력으로 버틴 나날이었다. 과장 시절부터 회사 근처로 이사해 출퇴근 시간을 남들보다 1~2시간씩 벌었던 것 같다. 그래서 재테크보다는, 시테크는 할 수 있었다고 말하곤 한다.

보고서 잘 쓰는 직원, 진급 1순위이다

직장인들이 피할 수 없는 필수항목이 보고서 작성이다. 국문학과를 나왔다고 해도 절대 쉽지 않다. 필자는 전략기획을 20년 정도 담당하다 보니 직장생활 내내 보고서 쓰는 것으로 보냈다. 신입사원 당시, 사내 공문 쓰는 것부터 배우는데, 지금은 이메일로 쓰기 때문에 형식이 자유로웠지만, 공문은 부서 간에 책임이 걸린, 일종의 부서 간 약속이기에 고민해서 계약서 수준의 공문을 작성해야 했다.

당시 직속 상사가 공무원 출신이다 보니 공문 쓰는 데 많은 공을 들였다. 공문 초안을 작성해서 보고하면 빨간 볼펜으로 쫙쫙 그어가며 다시 써주는데, 당시에는 자존심도 많이 상했다. 그러나 정리해준 내용을 보면 핵심내용이 잘 파악되어 신입사원 시절에 보고서 쓰는 기초를 잘 배웠다. 상품 기획부서로 자리를 옮기면서 시장 분석, 경쟁사 분석 등 제대로 된 보고서를 작성하게 되었다. 신입사원 시절 혹독하게 공문 썼던 덕분에 남보다 정리를 잘할 수 있었다.

상급부서인 총괄기획부서에서 근무할 때는, 거의 모든 사안을 보고서로 작성해 사장에게 올렸다. 여타 상급부서에도 보내야 하는 등 모든 일이 보고서로 시작해서 보고서로 끝이 났다.

특히 전략 보고서를 참 많이 썼다. 페이저 사업을 접어야 하는 보고서, 휴대폰 사업을 육성해야 하는 전략 보고서, 당시 힘들었다고 생각나는 보고서는 사건 사고가 났을 때 사고 원인 분석 및 대책까지 짧은 시간 내 작성해서 높은 사람에게까지 보고한 보고서다. 직장에서 보고서는 일의 시작과 끝이다. 쉬워 보이지만 참으로 어려운 일이다.

가장 어려운 보고서는 구조조정본부에 있을 때 쓴 회장 보고서다. 일상적인 회장 보고서는 핵심 위주로 정리하는데, 가장 어려운 수준은 회장 지시사항 이행 보고서다. 만약, 어떤 사업에 대해 회장의 검토 지시가 떨어지면 관련 부서가 온통 난리가 난다. 시장 상황, 경쟁사 분석, 기술 및 제품 동향, 당사 경쟁력 분석, 그리고 추진 전략에 실행계획(Action Plan)까지 3~4장으로 작성하는데, 보고서 내용으로만 사업 추진 여부를 승인을 받아야 하기 때문이다.

보고서를 잘 쓰려면 내용을 완벽히 이해하는 것부터 출발한다. 의외로 대부분의 직장인들은 보고 내용을 정확히 파악하지 않고 작성하는 경우가 많다. 보고서를 잘 쓰는 사람들은 요약 정리하는 게 몸에 배어 있어서 보고도 잘한다. 보고를 잘하는 사람들은 쉬우면서도 간단명료하기 때문에 상사들이 의사 결정하기 편하다. 그러나 보고 내용을 대충 파악한 사람들의 보고서나 보고 내용을 들어보면 엉성하기 그지없다. 그런 상태에서 의사결정을 하면 큰일 난다.

보고서를 잘 쓰는 요령 4가지만 짚고 넘어가자.

첫째, 보고할 내용을 정확히 파악하라.
둘째, 모르는 내용은 현장이나 실무자에게 꼭 확인하라.
셋째, 말로 보고하듯이 초안을 작성한다.
넷째, 수정 작업으로 보고 직전까지 다듬는다.

보고서의 출발은 내용 파악이다. 대부분 실무자는 사건 내용을 정확히 파악한다. 하지만 보고 과정에서 그 사실이 조금씩 왜곡되어 사실과 달라지는 경우가 비일비재하다. 잘못된 보고서는 논리가 엉성해서 고수들에게 어김없이 지적당한다. 따라서 보고서를 잘 작성하는 간단한 방법은 내용 파악을 철저히 한 다음, 담당자 확인을 거쳐 일단 구두보고하듯이 작성한 후에 계속 다듬어야 한다. 보고서는 다듬을수록 좋아지기 때문에 행간을 생각하면서 보고 직전까지 계속 다듬어야 한다. 공들인 만큼 보고서 질이 높아진다는 사실을 잊지 말자.

자신의 노하우를 넘겨주고 부하를 챙기면 앞서간다

자신만이 할 수 있는 전문직에 종사하는 사람을 보면 자신이 가진 노하우를 절대 전수하지 않는 사람들이 있다. 이것은 자신을 퇴보시키는 원인이 된다. 조직이란, 새로운 기술이나 제품, 서비스를 경쟁사보다 먼저 세상에 내놓아야 회사가 발전하고 자신도 더불어 발전한다. 과거에 집착하고 있으면 어느 시점에 자신은 뒷전으로 밀리게 된다. 자신이 알고 있는 것을 가능한 한 빨리 넘겨주면, 자신은 비록 힘은 들지만 새로운 것을 배워야 생존하기 때문에 앞서갈 수밖에 없다. 직급이 높아질수록 업무 영역이 넓어지는데, 이런 열린 사고를 갖춘 사람만이 조직을 끌고 나갈 수 있다.

해외 연구소 관리를 담당하는 직원이 있었다. 자신이 맡은 일은 철저히 했지만, 담당 업무를 대신할 사람이 없어서 휴가도 원하는 시기에 가지 못하고, 회사가 제공하는 교육도 받지 못했다. 말로 해서는 담당자의 태도 변화가 없어서 해외 부서로 보내서 새로운 업무를 경험시키려고 했다. 그래서 담당 직원을 불러, 다음 해에 인도 연구소로 발령 내려고 하는데 갈 생각이 있냐고 물었더니 확실한 답변을 내놓지 못했다. 당연히 해외 근무하겠다고 할 줄 알았는데, 이상해서 물어보니 자신 업무를 받아줄 사람도 없고, 주재원 파견 고과평가와 영어성적 자격 미달이어서 가고 싶어도 갈 수 없다는 것이었다.

'상사가 그 정도도 모르고 해외 주재원으로 가라고 했을까?'라는 생각이 들었다. 1년 후에 가도록 준비하라고 지시하고, 업무 인수·인계받을 사람을 지정하고, 삼성그룹 어학 연수원에 3개월간 보낸 후, 인도연구소로 보냈다. 인도에서 근무한 지 2년이 지난 후, 한국으로 출장 와서 필자에게 정말 고맙다는 인사를 전했다. 평생 은인이라고 말하는 것에 보람을 느꼈다.

자랑으로 보이겠지만, 기획부서장이 된 13년간 단 한 명의 진급 누락자를 만들지 않았다. 지금이야 직급체계가 많이 변했지만, 20년 전만해도 사원, 대리, 과장, 차장, 부장 순으로 매년 승진자가 생기는데 평균 승진율은 70~80%로 제때 승진하지 못하는 사람이 매년 20~30% 발생한다.

당시 기획부서 직원들은 열심히 일하는 직원들로 구성되어 있었지만, 기획팀 내에서 업무 평가를 하면 직원들 평가 순위가 정해질 수밖에 없다. 기획부서 직원들은 다른 부서들과 협업해서 일하는 경우가 대부분이었다. 따라서 승진 누락자가 되면, 다른 부서원들을 이끌기가 어렵다. 가능한 한 승진 누락자가 생기지 않도록 특별히 많은 신경을 썼다. 평가할 때 승진 대상자들을 우선 고려했었는데, 이로 인해 해당 연도에 업적이 좋은 사람이 보통평가를 받는 불이익이 생기는 직원들이 나왔다. 그러나 부하들은 승진 누락자는 안 만든다는 것을 알고 있었기에 큰 불만을 표출하는 사람은 없었다. 여러 가지 묘책을 마련해도 승진 탈락자가 나올 것 같으면, 사전에 인사부서를 설득해 조치했다. 특히 다른 부서에서 온 차장이나 부장급 중 평가가 다소 못 미치는 사람들 구제가 가장 어려웠다.

그리고 해외 주재원을 매년 1명씩 보내서 글로벌 인재로 키웠다. 기획팀에서는 전 세계 5개 국가에 해외 연구소를 관리하고 있었기 때문에 기획팀 인력들 9명을 주재원으로 보냈는데, 아마 가장 많은 주재원을 보낸 부서장이었을 것이다. 한 번은 미국 연구소 주재원으로 내정된 과장이 있었다. 사장께 보고하러 들어갔다가 사장 맘에 들었는지 상품기획부서로 전환배치 조치했다. 사장을 설득해 원래대로 주재원으로 보냈는데, 이러한 노력이 조직을 이끄는 힘이 되었다.

직원들에게 상사에 대한 강한 믿음을 심는 일은 조직 운영에서 굉장히 중요하다. 주재원을 매년 보내다 보니 필자의 직속 상사가 일을 가르쳐서 좀 써먹으려면 해외 주재원으로 보낸다고 불만을 토로한 적이 있었다. 기획팀 역할이 글로벌 인재 육성도 중요한 임무라서 그렇다고 말씀드린 적도 있었다.

직장생활을 지켜준 철학은 "공경하면서 두려워하다"이다. 경외(敬畏)라는 말뜻이다. 상사는 부하를 동생이나 자식이라고 생각하고 육성해야 한다. 조직을 위한다는 핑계로 직원 위에 군림하거나 함부로 대하는 사람은 조직을 이끌 자격이 없다. 임원이 되어서 조직을 이끌 때 항상 경외라는 단어를 가슴에 새겼다. 우선 존경과 공경을 받으려면, 직원들을 공명정대하게 평가하고, 직급 높다고 소위 말하는 갑질 노릇 하지 말고, 부하들을 인격체로 대해야 한다.

리더는 크든 작든 한 조직을 책임지는 사람으로서 조직에 미치는 영향이 절대적이다. 리더는 부하들을 잘 이끌어서 조직 생활을 재미있게 만들고 성과를 잘 내어 승진 잘 되고 높은 보수를 받을 수 있도록 앞장서고 밀어줘야 한다. 그러면서 무서움과 두려움을 가져야 리더의 존재감이 생긴다. 부하들이 믿고 따라올 수 있는 것이다. 두려움이란 결국 실력을 갖추는 것인데, 독을 가져야 한다. 맹독을 가질수록 상사든 동료든 부하든 독을 가진 사람들에겐 함부로 하지 못한다. 그러나 독을 가지고 있되 절대 독을 쓰면 안 된다. 독을 쓰는 순간, 자신도 망가지는 것이기 때문이다. 우리가 길 가다 독사를 만나면 피하는 것처럼, 누구도 나에게 함부로 할 수 없는 내공을 갖춰야 조직 내에서 자신의 위상을 가지고 자신감 있게 일할 수 있기 때문이다.

상사와 관계가 직장생활을 좌우한다

직장생활하면서 사표를 한 번이라도 생각하지 않은 사람은 없을 것이다. 직장인이라면 누구나 슬럼프에 빠지거나, 조직 적응이 힘들고, 혹은 상사와 안 맞거나, 일이 너무 많아 괴로울 때면 직장을 그만두고 싶어진다. 사실 필자가 삼성에 입사했을 때, 27년간 다니게 될 줄은 몰랐다. 본래 직장보다는 내 사업을 성공시키고 싶었는데, 사회경험이 없어서 일단 회사에 들어가서 업무를 배운 후, 여건이 되면 내 사업을 하겠다는 생각으로 삼성에 입사한 것이었다. 그렇게 언제든지 직장을 떠날 수 있다는 배수진을 치면서 일하다 보니 그나마 평가가 좋았다. 여기서 직장생활을 유지하는 비결 몇 가지를 풀어놓겠다.

1) 안 맞는 상사와는 빨리 결별하라

직장생활에서 2가지가 중요한데, 하나는 상사와의 관계이고, 나머지 하나는 업무가 적성에 맞느냐는 것이다. 누구나 겪는 상사와의 갈등은 어렵기 마련이다. 해결방안 역시 2가지밖에 없다. 상사를 무능하게 만들어 다른 곳으로 가도록 만들든지, 아니면 본인이 부서를 옮기는 방법이다.

필자가 국내 판매 영업본부 상품기획으로 배치되어 일하던 시절이다. 직속 과장이 상당히 정치적인 사람이라 성향이 잘 맞지 않았다. 그렇다고 새로운 부서로 자리를 옮긴 지 얼마 안 됐는데, 상사와 안 맞는다고 또 다른 부서로 옮겨달라고 할 수도 없었다. 필자가 하는 일 중 과장에게 중요한 일 정도만 간단히 보고하고, 관련 부서와 협업해 독단적으로 업무를 처리했다. 그러다 보니 상사하고 관계가 계속 안 좋아졌다. 조직 생리상 하극상은 절대 용서치 않았는데, 내가 담당한 업무에 남다른 전문성을 갖추다 보니 관련 부서에서는 필자와 같이 일하는 것을 원했다. 일 잘하는 직원들은 관련 부서에서 인정받는다. 비록 상사와 충돌이 있다 하더라도 상사가 어떻게 할 수 없다.

그리고 부당한 지시는 단호하게 거절하고, 조직이 주어진 목표달성에 최선을 다한다는 인식을 주변에 심어줘야 한다. 인사부서에는 직급보다는 유능한 사람을 키우려고 한다. 묵묵히 최선을 다해 일하다 보면 상사가 다른 곳으로 배치되든지 좌천된다. 결국, 당시 과장은 부장 때 권고 해직을 당했다.

그 이후 신임 상품기획 부장이 왔는데, 권위적인 사람으로 자기 말을 안 듣는 부하에게는 불이익을 주던 상사였다. 여기에도 굴하지 않고 필자가 옳다고 생각하는 방향으로 업무를 처리해나갔다. 아무리 상사라고 해도 부하가 일 잘하고 당당하게 하면 어찌할 수가 없다. 부하가 스트레스 받는 것 이상으로 상사도 스트레스 받는다. 그러니 절대 책임 추궁을 당할 일은 피해야 한다. 신임 상품기획 부장은 사장과 회의 중에 보고를 잘못 해서 결국 다른 부서로 좌천되었다. 직장인들은 직급을 떠나서 본인이 맡은 업무는 철저하고 완벽하게 처리해 업무 주도권을 확보해야 한다. 만약, 조직 내에서 인정받는 상사하고 충돌이 생기면 부서를 옮기는 게 좋다. 왜냐하면, 모든 조직은 부하보다는 상사를 더 중요한 인적 자산으로 생각하기 때문에 부하가 상사를 이기기란 매우 어렵다는 점을 알아야 한다.

2) 욕하고 무시하는 상사, 단호히 대응하라

참으로 몰지각한 상사들이 있는데 인격 모독, 특히 욕을 하는 경우다. 요즘이야 교육이 많이 되고, 30대 직원들은 본인 의견을 피력하는 시대라 부하를 함부로 대하지 않는다. 그러나 간혹 아직도 욕하는 상사들이 있어서 문제다. "그걸 머리라고 달고 다니냐? 너는 뇌가 있냐? 무뇌 아니야? 밥 먹는 것도 아깝다. 실적이 안 좋은데 밥은 목구멍으로 넘어가냐? 저런 게 어떻게 부장이 됐는지 모르겠다. 저거 이번에 잘라야해" 등 인격 모독 발언은 다양하다. 실적이 좋지 않은 부하들은 상사 욕을 당연하다고 여기기도 한다. 즉, 상사가 개인 감정 없이 하는 것이라 이해하는 것이다.

이런 고약한 폐단이 반복되는 것은 부하들 잘못이 크다. 이런 모욕을 그냥 넘어가면 상사는 부하를 함부로 대해도 된다는 생각이 습관화된다. 만약 회의석상에서 욕설을 듣는다면 자리를 벗어나거나 면담을 통해서 자신이 느끼는 감정을 분명히 말해야 다음부터 그러한 모욕을 당하지 않는다. 그래도 안 통하면 인사부서에 이러한 사실을 알려야 나중에 상사에게 인사상 불이익을 줄일 수 있다. 상사들이 가장 두려워하는 것은 부하들의 상사에 대한 평가와 집단 반발이다. 가장 좋은 방법은 처음부터 상사가 함부로 할 수 없도록 가볍게 행동하지 말라는 것이다. 본인도 될 수 있으면 부하, 동료, 상사에게 깍듯하게 공과 사를 구별해 행동한다면 결코 상사가 욕할 수는 없을 것이다.

3) 이직이나 전직할 때는 상사를 설득하라

직장을 다니다 보면 부서를 옮기는 일도, 직장을 옮기는 일까지 생기기 마련이다. 한 가지 방법을 전달하자면 절대 상사에게 거짓말하면 안 된다. 부서 간 이동은 직원 신상에 대해 잘 알고 있으므로 큰 문제가 없다. 다만 직장을 옮길 때는 솔직하게 사직 사유를 말한다. 시간이 걸리더라도 상사를 설득해야 한다. 설득이 필요한 이유는 채용하려는 회사에서는 대부분 전 회사 상사에게 인물평을 물어볼 것이 분명하기 때문이다. 이직을 위해 거짓말을 했다면, 상사가 결코 좋은 평을 해줄 리 없다.

2000년 초, 벤처 붐이 한참일 때 일부 직원들이 벤처로 가기 위해 사표를 냈다. 아무리 유능한 사람이라도 한번 퇴사를 마음먹으면 다잡기가 쉽지 않다. 결국에는 사표 수리를 해줄 수밖에 없다. 실제 있었던 사례인데, 나름 능력을 인정받고 있었던 모 과장이 미국으로 MBA 간다고 해서 사표 수리를 해줬는데, 나중에 다른 회사로 이직한 사실을 알게 됐다. 10년쯤 지나서 모 과장은 삼성전자 다른 부서로 입사가 거의 정해진 상황에서 필자에게 인물평을 요청해왔었다. 삼성전자에 재입사하면 안 될 사람이라고 입사를 반대해 결국 재입사하지 못한 사례가 있었다.

3

임원이 되기 위한
성공 노하우를 배운다

임원 되기 위한 6가지 필수조건

직장인들의 꽃이라는 기업 임원으로 위촉되는 것은 사회적으로, 또 가족에게도 성공적인 직장생활을 했다는 증거다. 대기업 임원 되기가 쉽지 않은 것도 사실이다. 최근 직장인 대상으로 조사 결과, 임원이 되고 싶다는 비율이 10%대라고 한다. 데이터를 보고 놀랐다. 그만큼 경쟁이 치열한 결과라고 생각이 들지만, 그래도 직장을 다닌다면 임원 되는 것을 목표로 해야 하지 않을까?

직장생활 중 가장 기억에 남는 승진은 과장될 때이고, 최고는 단연 임원으로 위촉될 때인 것 같다. 과장 승진은 처음으로 부하를 두는 소규모 조직의 장이 되는 것이고, 임원이 되는 것은 직장 내에서 작은 독립

사업체를 직접 경영하는 것이기 때문이다. 1985년에 입사해 18년만인 2004년에 임원이 돼서 2012년 사표 내기까지 9년간 임원으로 재직하며 경험을 토대로 쓴 글이니 참조하면 좋겠다.

1) 주인의식이 핵심

임원이 되고 싶은가? 그렇다면 회사에 모든 것을 걸어라. 요즘 세상에 이런 말을 하면 시대에 뒤떨어진 사람이라고 할 것이다. 하지만 자신의 모든 것을 회사 일에 걸지 않은 사람은 결코 임원이 될 수도 없고 자격도 없다. 요즘 취업하기가 하늘의 별 따기다. 특히 대기업에 들어간다는 것은 낙타가 바늘귀에 들어가기만큼 어렵다고 한다.

모 회사는 20명 뽑는데 4,000명이 지원했다고 한다. 결국, 3,980명은 떨어지는 것이다. 치열한 취업 전쟁에서 살아남은 사람들의 능력이나 자질에 큰 차이가 있을까? 아마 별 차이 없을 것이다. 그러나 비슷한 능력의 사람들이 직장에 들어와 몇 년간 업무를 하다 보면 격차가 벌어진다. 일 잘하는 사람, 차세대 유망주, 임원 될 사람으로 구분되는 것은 입사 후 어떻게 일을 해왔는지에 달려 있다.

결국은 업무 처리에 시간을 많이 투자하고 고민을 많이 하는 사람들이 주어진 목표를 달성할 수 있다. 모든 일 처리는 평가를 받는데, 상사나 회사 차원에서 생각해봐야 한다. 상사로서는 어떠한 여건 속에서도 주어진 임무를 완벽하게 처리하는 사람에게 일거리를 줄 수밖에 없다. 지시받은 부하는 임무를 해결하는 과정에서 노하우나 정보를 쌓는 것은 당연지사다. 일을 맡았을 때 임하는 자세에서 이미 판가름 난다. 불평 없이 수행하고, 더 나가서는 기쁜 마음으로 업무를 수행하는 사람이 좋은 평가를 받는 것은 당연하다. 일을 지시하면 안 되는 사유만 장황하게 늘어놓은 사람, 기존 업무가 많다고 업무 수행에 난감한 표정을 짓는 사람이 있다면 승부는 끝난 것이다.

조직원들은 누가 일을 잘하고 못하는지 모두 안다. 일을 잘한다는 평판을 얻은 사람들은 일이 많이 몰려 육체적으론 피곤할 수 있지만, 기쁜 마음으로 일하게 된다. 자연스럽게 승진도 빠르고 연봉도 더 많이 받는다. 반면에 일하는 평판이 보통인 사람들은 시간이 갈수록 업무 능력도 떨어지고 자신감마저 잃는다. 결국, 조직에서 낙오자가 될 확률이 높다. 따라서 업무 처리에 최선을 다해야 한다. 기업은 성과를 만들어내는 집단이기 때문에, 성과를 잘 내는 사람을 키울 수밖에 없는 것이다.

2) 힘 있고 잘나가는 보스가 보증수표

아무리 일을 잘해도 상사를 잘못 만나면 조직 생활이 어렵고 고달프다. 직장 운이라는 게 있는데, 회사에서 주력으로 미는 미래 성장성이 있는 부서로 가야 한다. 회사 주력사업은 대부분 조직 내 최고 인재들이 몰려 있다. 당연히 최고의 상사가 있을 것이다. 필자의 경우 1990년 후반, 당시 미래 성장성이 있는 휴대폰 부문을 담당하고, 사장 직속 전략기획실에 근무했다. 남보다 빠르게 임원이 된 이유 중 하나였다. 그런데 이 2가지를 갖추기가 쉽지 않다. 아니라고 판단되면 빨리 부서를 바꿔야 한다.

성장성이 없는 부서는 아무리 열심히 일해도 승진 인력 배당이 적다. 안 좋은 사업은 경영 성과가 나빠서 당연히 승진 기회가 오지 않는다. 그리고 임원 자리도 없어지고 일개 부서로 조직이 축소되면 모두 도매금으로 넘어가게 된다.

필자는 신입사원 때 국설교환기 사업부가 가장 돈을 잘 버는 조직으로 영업기술팀에 배속받았다. 당시에는 백색 전화, 청색 전화라고 해서 집에 전화기를 설치한다는 것은 자동차나 집을 사는 것만큼 부의 상징이었다. 가정의 필수품으로 수요가 공급을 못 따라가게 되다 보니 최고 'Cash Cow' 수익 사업이었다. 그러나 전화기 보급이 늘어나자 교환기 수요가 줄고, 따라서 매출과 이익도 감소해 모두가 가기 싫은 기피 부서가 되었다. 그 부서에 속한 사람들은 다른 곳으로 갈 수 없게 되었다. 그저 업무에 익숙하다고 안주하다 보면 자신도 모르게 조직과 운명을 같이하게 된다는 점을 명심해야 한다.

3) 임원 후보자는 대리·과장 시절 알 수 있다

윗사람들은 직원들이 걸어가는 모습만 봐도 미래 임원감인지 알 수 있다는 말을 들어본 적이 있을 것이다. 다 맞는다고는 할 수 없지만, 필자의 직장생활 경험을 토대로 보았을 때 걸음걸이에 힘이 있고, 빠르게 걷는 사람들이 일도 잘한다. 맡은 업무는 완벽하게 처리하고, 누구에게도 간섭받지 않도록 해야 한다. 필자는 상사로부터 업무 지시받으면 누구라도 맡겨진 내 일에 간섭하는 것을 싫어했다. 하물며 업무 지시한 상사로부터의 간섭도 수치로 느껴서 나름대로 최선을 다했다. 그러다 보니 자연스럽게 긴급하고 중요한 업무가 배정되었고, 남보다 퇴근도 늦고 힘은 들었지만, 조직 내에서 위상은 높아져 갔다. 직급과 직책으로 일하는 것이 아니고 일을 처리해낼 수 있는 사람들이 일을 주도할 수밖에 없다.

영업부서 대리 시절 ARS · VMS 사업을 총괄했다. 사업 전략, 상품 기획, 가격 결정, 홍보, 마케팅, 영업전략, 물량 발주, 콘텐츠 확보까지 전 분야를 주도하다 보니 관련 부서 임원들도 내 결정에 따르게 되었다. 그러다 보니 내 직속 상사와는 자연스럽게 관계가 안 좋았다. 상사는 본인 업무 실적으로 하고 싶은데, 사업 전반에 대해 모르다 보니 관련 부서에서 인정을 못 받았고, 결국 회사에서 쫓겨났다.

정보통신 부문 총괄기획 부서로 옮겼을 때도 직급은 대리였지만, 휴대폰 담당자로 사장이 직접 전화로 현안을 물어본 적도 있었다. 그러다 보니 사장과 식사도 같이하게 되고, 관련 임원들 회식 자리에도 불러줘서 임원들과 직접 소통하다 보니 회사의 중요사안을 항상 꿰차게 되었다. 대리 직급이었지만, 자연스럽게 일 잘한다는 평가를 받게 되었고, 소위 말하는 파워도 갖게 되었다.

4) 적을 만들지 마라

경쟁 사회에서 적을 만들지 않고 살아가기란 쉽지 않다. 삼성 인사 시스템은 3개 부서에서 검증하는데, 당연히 첫째가 인사부서다. 입사부터 사원 교육과 회사 생활뿐만 아니라, 가정 상황까지 여러 방면으로 오랫동안 직원의 모든 것을 관리한다. 특히 차세대 인재 발굴과 육성을 중점적으로 평가한다. 두 번째는 관리부서 평가다. 기업은 이익을 추구하는 집단이다 보니, 직원들 업무 결과가 경영에 어떠한 영향을 끼쳤는지 분석하고 평가한다. 관리의 삼성이라고 정평이 나 있듯이 철저하게 경영실적을 평가한다. 마지막은 감사부서 평가로 삼성은 부정을 용서하지 않는 기업문화를 가지고 있다. 감사부서에는 외부 투서도 많이 들어오고, 내부고발도 많이 있어서 직원들의 하도급 업체로부터 향응, 지분 참여, 성희롱, 회삿돈 횡령, 임원들 사생활, 도덕적 부분도 파악한다.

임원이 되려면 실적은 기본이고, 절대 옳지 않은 부정이 없어야 한다. 즉, 신상을 털더라도 먼지가 나면 안 된다. 치열한 임원 심사 과정을 통과하는 만큼 한 사람에게라도 부정적인 평가를 받으면 당연히 임원이 될 수 없다. 적을 만들면 안 된다. 물론, 일하다 보면 의견 충돌도 날 수 있다. 업무 추진상에 다툼도 있을 수 있으나, 일이 마감되면 빨리 관계를 회복시켜야 한다. 100명의 우군도 중요하지만, 한 명의 적을 만들지 않는 게 더 중요하다.

직장생활은 보이지 않는 경쟁 관계가 일상으로 자리한다. 자신도 모르게 항상 스트레스를 안고 산다. 경쟁자와 의견 충돌이 나면 분노가 치솟는 경우가 생긴다. 건전한 경쟁자는 자신을 자극해 발전하는 계기가 되기도 하니 긍정적인 부분도 있다. 역시나 경쟁 스트레스는 관리가 쉽지 않다.

경쟁자든, 후배든 실력을 갖췄거나 자신보다 나은 점이 있다면 인정하라. 인정하면 자신이 부족한 부문을 조직 내에서 잘하는 사람의 힘을 빌릴 수 있다. 조직력을 극대화하는 사람들은 업무성과가 높을 수밖에 없다. 마구잡이 비판과 무시하는 방식으로 상대를 대하면 상대방도 똑같이 나에게 반응한다. 자칫 원수지간이 될 수 있다. 자신만의 강점은 계속 강하게 발전시키면서, 부족한 부분은 배워야 한다. 협업을 통해서 본인 성과로 만드는 사람이 진정한 승리자가 될 수 있다.

5) 임원 승부수는 차장 직급에서 결판

요즘은 직급 파괴가 생겨 과장, 차장, 부장이라는 직급이 점차 없어지는 추세다. 그러나 어느 임원 조직이든 후임 후계자를 키운다. 후계자는 보통 부서 내 차장이나 부장 중에서 선별하는데, 부서원들은 누가 후임인지 대충 감을 잡는다. 보통 핵심부장들이 후계자가 되는데, 같은 부장이라도 일 잘하는 부장이 있고, 만년 부장인 사람도 있다. 만약 부장급에서 후계자가 없다면 차장급에서 선별할 수밖에 없을 것이다.

자신이 생각할 때 차세대 임원 후계자가 아니라고 생각하면 최소한 차장 직급 때 자신을 알아주고 밀어줄 수 있는 임원 밑으로 자리를 옮겨야 한다. 반면에 자신이 현 부서의 차세대 주자라는 확신이 든다면 어떤 상황에서도 부서를 옮기면 안 된다. 왜냐하면, 다른 부서에도 이미 그 부서 업무에 정통한 후임이 사실상 내정되어 있다. 그쪽 부서로 가봐야 희생양만 될 뿐이다. 혹 신설 부서가 생겨서 해당 임원이 같이 일하자고 제안이 왔을 때는 임원으로 밀어주겠다는 약속을 받고 움직인다. 특별한 경우를 제외하고 차장, 부장급이 부서를 옮겨다닌다면 임원 될 확률은 거의 없다고 보는 게 맞을 것이다.

6) 한 직급 높은 일을 주도하라

상사가 일을 맡기면 불평하는 직장인들이 있다. 이는 들어오는 복을 걷어차는 것과 같다. 자신은 차장인데, 부장이 하는 일을 맡는 경우가 종종 있을 것이다. 차장직급 연봉을 받으면서 부장급 정도 조직을 운영하다 보면, 기존 부장조직보다 인원도 턱없이 부족하다. 업무량도 과해서 야근은 다반사이고 휴일마저 반납해서 억울한 생각이 들 수 있다.

필자는 정보통신 총괄기획 그룹장을 차장 시절에 맡았는데, 원래 그 자리는 선임 부장급 자리였다. 사장께 직접 보고하고 수명도 받아야 하는 자리라 일도 잘해야 하지만, 사장 신뢰가 있어야 하므로 차장급으로는 참으로 버거운 자리였다. 당시 정보통신 총괄기획팀 조직은 비서실에서 내려온 임원이 만든 신설조직이라 직원들도 적었다. 모든 업무를 새롭게 시작해 업무량은 넘쳐났다. 필자의 옆자리에는 선임 부장이 경영그룹을 맡고, 필자는 사업기획그룹을 맡았는데 정형화되지 않은 새로운 업무는 모두 필자에게 떨어졌다.

상사인 기획실장에게 고충을 토로했더니 돌아오는 말이 "이 차장은 이미 부장 자리를 꿰차고 있잖아? 힘든 건 알지만, 힘든 만큼 보상도 있지 않겠어?"라는 말씀에 더 열심히 일했다. 결국, 남보다 1년 먼저 부장으로 특진했다. 모시던 상무가 전무로 승진하게 되어, 덩달아 임원 때 또 1년 특진하게 되었다. 보통은 승진이 가장 치열한 부장과 임원승진을 특진하게 된 행운을 얻게 된 것이다. 한 직급 위의 일을 하다 보니 주변에서도 인정하게 된 결과다. 삼성전자에서 마지막으로 스톡옵션을 받게 된 임원이 된 행운도 덩달아 따라왔다.

실적이 있으면 상사도 부하를 어떻게 할 수 없다

이렇게 삼성전자 정보통신 부문에 첫발을 디딘 후, 필자는 약 30여 년 동안 '한국 정보통신 역사'와 함께했다. 처음 발령을 받은 부서가 KT(한국 통신)에 전화 교환기 시스템을 납품하던 영업기술팀이었다. 우리 부서 역할은 한국통신에서 구매할 제품 요건을 기술적으로 상세히 만들어서 제안하는 것이었다. KT에서는 우리가 만든 구매 요건에 따라서 구매할 장비를 테스트하고, 구매 수량도 결정했다. 일종의 세일즈 엔지니어 역할이었다. 이 일을 3년가량 하고 나니, 반복되는 일만 지속해서는 새로운 일을 경험할 수 없었다. 보다 역동적이고 새로운 일을 하고 싶어 국내 시장 전체를 대상으로 영업하는 국내영업본부로 자리를 옮겼다.

옮긴 부서에서는 빌딩 내 전화나 팩스 등 내부 통신 서비스를 해주는 사설 교환기를 상품기획했다. 당시 사설 교환기는 IBM에서 들여온 외산 기종과 자체 개발한 장비가 있었다. 주 경쟁사가 LG전자였다. 외국산은 10,000회선의 대용량 장비로 수입가격이 비싸서 회선당 판가가 약 30만 원이었다. 이에 비해, 국산 장비는 1,000회선 이하 중소형 제품으로 시장점유율 위주의 과당 경쟁이 벌어졌다. 회선당 원가 7~8만 원짜리가 2만 원까지 내려가는 치열한 가격 경쟁으로 양사 모두 적자가 심했다.

이런 악순환을 타개하기 위해 외국산을 대체할 대용량 제품을 개발하기로 했다. 개발부서 주관으로 미국에 가서 3개월간 개발할 제품 상위설계를 해서 가져왔다. 기본단위가 2,000회선 장비였다. 기본단위 장비를 연결하면 10,000회선 이상도 구현 가능한 새로운 방식의 제품이었다. 그러나 국내 주력 시장은 600~700회선대로, 2,000회선 단위로는 가격 경쟁력이 안 돼서 1,000회선 단위로 용량을 줄이자고 했다.

당연히 처음에는 개발부서에서 안 된다고 반대했다. 그러나 결국, 필자 주장을 받아들여 기본단위 1,000회선으로 재설계해 장비를 출시했다. 그리고 판매가격을 외산인 IBM 장비 가격과 동등한 회선당 30만 원으로 결정했다. 신제품을 시장에 내놓고 반응을 보니 다행히도 성공적인 발매를 하게 되었다. 개발비도 많이 들어가고 장비 기능이나 성능도 외산 장비보다 더 좋다는 점이 시장에 먹힌 것이다. 그래서 적자에서 손익이 나는 사업으로 바뀌게 되었다.

앞에서 이야기했듯이 첫 사표 제출은 필자가 기획한 ARS 시스템 판매 확대를 위해 영업부서로 자리를 옮겼을 때의 일이다. 당시 영업 담당 임원이 앞뒤 안 가리고 오로지 목표달성을 지향하는 상사였다. 당시 필자가 기획한 ARS · VMS가 신규 사업 분야라 담당 임원과 직속 라인으로 일을 같이했다.

그러던 중 포항제철에서 ARS 시스템 발주가 나왔는데, 우리 제품은 SPEC이 부족해서 입찰에 참여할 수 없었다. 담당 임원은 삼성물산에 수입한 ARS 장비는 입찰 참여가 가능하니, 수입 장비를 포항제철에 납품하라고 지시가 내려왔다. 필자는 상품기획에서 영업부서로 온 이유는 내가 자체 기획한 제품을 판매하려고 온 것이지, 수입품을 판매하러

온 것이 아니라고 지시를 거부했다.

만약 국내 시장에 수입제품을 들여놓으면 앞으로 우리가 개발할 제품과 직접 경쟁 구도가 형성돼서 상사의 지시를 받아들일 수 없다고 답변했다. 영업 임원이 자기 지시에 따르지 않는다고 욕하기에, 그냥 회사를 나와버렸다. 사표 내고 일주일간 회사를 안 나갔는데, 사표는 수리되지 않았다. 그런데 회사 내부에서는 필자가 추진한 대형 KT 프로젝트를 감당하지 못해서 핑계 김에 사표를 낸 것이라는 이상한 소문이 돌았다. 그 소문을 듣고 화가 나서 다시 출근해 그해 말 KT 프로젝트를 성공적으로 마무리했다.

부서 영업실적이 좋다 보니 영업 임원은 사업본부장 상무로 승진했고 국내영업본부 전체를 담당하게 되었다. 권한이 막강해진 사업본부장이 필자를 부르더니 3가지 조건을 제시했다. 사표를 쓰든지, 자기에게 충성하든지, 꼬리표 붙여서 다른 부서로 갈 것인지 선택하라는 것이었다. 필자의 답변은 이미 상하관계 신뢰에 금이 갔기 때문에 같이 일할 수 없고, 다른 부서로 간다면 사표 쓸 이유가 없으니 다른 부서로 가겠다고 했다. 이듬해 정보통신 총괄이 새로 생겨서 총괄 기획실 휴대폰 담당으로 부서를 옮기게 되었다. 만약 실적을 내지 못했다면 총괄 기획실로 갈 수 없었을 것이다. 기업은 실적이 기본이다.

강한 추진력, 배수의 진을 친다

'11625 하겠습니다.' 11625가 뭐냐고요? 2012년 연간매출 10조, 매월 1조, 시장점유율 62.5%를 하겠습니다. 잘하면 11조도 가능할 것 같아요. 2012년 한국 총괄 매출 목표가 휴대폰 7조, 가전과 B2B 등 나머지 6조 원으로 총 13조 원이었는데, 새로 부임한 모바일 영업팀장이 7조 목표를 3조나 올린 10조를 하겠다고 하니 갑자기 회의장이 술렁거렸다.

발표 당시, 영업 임직원들은 기획부서에서 오래 있었던 사람이 영업 부서에 와서 세상 물정 모르고 정한 목표라고 생각했다. 밑에 있던 상무가 염려하면서 "팀장님이 그렇게 발표하면, 한국 총괄 다른 임직원들이 나중에 팀장님이 말씀하신 대로 안 될 경우, 우리가 모든 책임을 져야 해서 기존 목표를 막 바꾸시면 안 됩니다"라고 걱정스러운 듯 말을 꺼냈다.

그러나 시장 판도를 바꾸려면 출사표를 던지고 강한 인상을 심어줘야 해서 임원들과 상의 없이 발표한 것이다.

첫 영업 간부 회의를 했을 때, 영업 마케팅 그룹장이 모바일 영업팀 2012년 경영목표 매출 7.2조 원, 시장점유율(M/S) 52%, 주력으로 판매할 플래그십(Flagship) 제품을 갤럭시(galaxy) 시리즈라고 보고했다. 왜 최초로 출시한 갤럭시 노트를 대표 제품으로 하지 않았냐고 물었더니, 화면이 5.3인치로 크고 가격이 비싸서 많이 팔기 어렵다는 대답이었다. 그러나 앞으로 휴대폰은 통화기능이 주가 아닌 데이터를 처리하는 시대로 변하기 때문에 화면이 큰 갤럭시 노트1을 플래그십 제품으로 판매 전략 방향을 바꾸라고 지시했다.

2012년은 4세대 LTE 이동통신기술이 세계 첫 상용화되는 시점이라 휴대폰의 데이터 통신 기능을 사용해 인터넷을 보는 시대로 전환되는 것을 영업부서에서는 간과했다. 아울러 휴대폰이 커서 들고 다녀야해서 명품가방처럼 비싸야 한다. 그래서 갤럭시 노트1 가격을 90만 원대에서 100만 원으로 올리라고 지시했다. 영업부서 간부들은 한 번도 생각하지 못한 역발상의 지시라 회의에 참석했던 간부와 임원들이 뭐라 반대하지 못하고 따라왔다.

영업대상자인 SKT, KT, LGU+ 사업자 대표와 담당 임원들에게 신임부임 인사를 하러 갔다. 각 사업자의 최고 의사결정자인 부회장과 사장에게 인사하는 자리였기에 무슨 이야기를 할지 고민했다. 비록 제품을 판매하는 을의 처지였지만, 첫 만남에 강한 인상을 심어줘야 했다. 그저 잘 봐달라는 상투적인 인사를 하고 싶지 않았다.

LGU+에 가서 SKT와 KT와 주파수가 달라서 RF 부품이 더 들어가 재료비가 더 비싸고 구매 수량도 적어서 당연히 판매가격이 비싸야 했다. 하지만 3사 동일 가격으로 제공한 부분이 잘못되었다고 처음 대면한 LGU+ 임원들에게 언급했다. 그러면서 구매물량을 올리지 않으면 공급가격을 올릴 수밖에 없다고 이야기했다. 나중에 들은 이야기인데, 물건 파는 수장이 처음 인사하러 와서 잘 봐달라고 하는 게 아니고 오히려 협박투로 상견례를 했으니 말이 많았다고 한다.

다음은 SKT 사장에게 앞으로 갤럭시 노트를 플래그쉽 제품으로 할 계획이다. 밀어주시면 최선을 다하겠다고 했다. 당시 SKT 담당 영업 상무가 면담을 마치고 나오면서 하는 말이 국내 최고 '갑'인 회사 사장께 그렇게 직설적으로 영업 전략을 이야기하고 부탁하는 모습은 처음이라고 전했다. SKT 사장은 건방지다고 불쾌하게 생각해서 물량을 축소할까 고민했다고 이야기했었다.

나름의 철학이지만, 조직을 책임지는 분들은 다른 회사 임원이라고 해도 소신대로 이야기하는 사람을 좋아한다는 것을 알고 있었다. 그래서 필자에 대해 부정적 이미지보다는 긍정적 이미지를 심어줬을 것으로 판단했다. 오랫동안 휴대폰 기획과 전략을 맡았기 때문에 국내에서만큼은 필자를 실력으로 이길 사람이 없다고 믿었다. 그래서 강하게 밀어붙였다. 그렇게 내부 판매 전략회의도 하고 거래처에도 인사도 마쳤다.

곧바로 필자는 무선 사업부에 갤럭시 노트1을 최대한 생산해달라고 요청했다. 삼성전자 사업부 구조는 무선사업부는 제품개발과 생산을 책임지고, 국내 및 해외총괄은 판매를 책임지는 조직이다. 당시 무선 사업부 신 사장은 자신이 주도한 첫 작품 갤럭시 노트1을 성공시켜야 한다는 부담을 느끼고 있었다. 반면, 해외 영업 조직에서는 최초 출시한 제품에 대한 소비자 선호도를 예측할 수 없어서 적극적으로 판매하겠다고 요청한 지역이 한 군데도 없었다. 국내 시장에서 갤럭시 노트1을 플래그쉽 제품으로 설정하고 판매하겠다고 하니 무선 사업부에서는 무조건 도와줄 수밖에 없었다.

몇 년 전, '햅틱(Haptic)'이라는 기술적 용어를 마케팅으로 성공시킨 사례를 상기했다. 햅틱 기술은 화면, 터치스크린에 진동이나 모션 기능을 적용해서 핸드폰 사용자가 촉각으로 터치감을 느끼게 하는 기술이었다. 마케팅 부서에 갤럭시 노트1 홍보에 마케팅에 모든 자원을 집중하라고 강력히 지시했다. 1년 예산을 상반기에 전부 쏟아부어도 좋다고 했다. 그러자 관리부서에서 난리가 났다. 안 그래도 이상한 임원이 와서 조직을 뒤집어놓고 있는데, 시장도 불확실한 상태에서 갤럭시 노트1을 최대한 생산해달라고 하지 않나, 마케팅 비용은 계획 대비 2~3배를 쓰고 있으니 말이 많았다. 그래서 한마디했다. 그러면 당신이 영업에 와서 일하라고. 나보다 나은 사람이 있으면 언제든지 내 자리를 비워주겠다고 했다. 자기 자리를 내놓고 일하는 사람을 이길 수가 있을까?

그러면서 무선 사업부장인 신 사장께 영업 직원들에게 줄 노트1, 250대를 무상으로 달라고 했다. 갤럭시 노트1은 세상에 처음 나온 거라 영업부서원들이 가지고 다녀야 대리점 사장들이 주력 제품으로 인식해 힘을 몰아줄 것이라고 설득했다. 내 밑에 부하가 약 250명이었으니 100만 원씩 하면 2억 5,000만 원 예산이 별도로 필요했다. 그러나 직원들에게 자사 제품을 영업을 위해 무상으로 준 전례가 없었다고 결정을 못 내리고 있어서, 만약 250대 받고 약속한 판매물량을 팔지 못하면 필자가 배상하겠다고 약속하고 허락받았다. 이러한 이야기가 소문이 돌았는지, 내 밑 임직원들이 서서히 나를 인정하고 따르게 시작했다.

잘나갈 때 사표 쓰면 과연 좋을까?

직장생활하다 보면 사표 쓰고 싶을 때가 생긴다. 한창 일을 배울 때는 모르지만, 어느 정도 일이 익숙해지면 따분해지는 일도 있고, 상사와 안 맞을 때도 사표를 던지고 싶다. 하지만 먹고살아야 하니까 꾹꾹 참고 넘어간다. 필자도 상사하고 안 맞고 부당하다고 생각될 때 사의를 4번 표명 끝에, 마침내 사표를 던지고 나왔다. 직장생활 중 가장 고민이 많았던 시기가 부장 시절이었다.

만약 부장으로 회사를 나온다면 은퇴 후 노후자금이 절대적으로 부족하다고 생각했다. 그렇다고 사업할 것도 마땅치 않았다. 한동안 동남아 이민을 생각한 적이 있었다. 아마도 현재 임원이 안 된 부장급들이 공통으로 느끼는 심정일 것이다. 필자의 업무 스타일은 목표 지향적이고 독불장군식이었다. 그렇다 보니 내 윗사람들이 통제할 수 없는 타입으로, 대부분 상사가 나로 인해 스트레스를 받았다.

사표 쓰게 된 내용을 언급해보겠다. 삼성 임직원들이 가장 가고 싶어 하는 곳은 아마도 삼성 비서실일 것이다. 비서실은 그룹 내 각 회사에서 가장 일 잘하고 충성심이 강한 인재들이 모인 부서다. 임직원을 순환 근무시키는 곳으로 정부조직으로, 비교해서 말하면 청와대와 같은 곳이다. 임원이 비서실에 근무한다는 것은 청와대 비서관 같은 역할이고, 팀장급은 청와대 수석과 같은 지위로 보면 될 것이다. 삼성그룹 사장 반 이상이 비서실 출신인 것으로 보아 경영자가 되려면 반드시 비서실 근무가 필수

코스다. 이러한 비서실 위력을 알고 있었기에 반드시 비서실로 발탁돼서 근무해보겠다는 목표가 있었다.

2007년 6월 상무 시절, 꿈에 그리던 비서실 근무로 발령이 났는데, 시기가 안 좋았다. 김용철 변호사 사건으로 삼성그룹 비서실을 공식적으로 해체하겠다고 발표한 직후였다. 그동안 비서실 임원들은 실적이 좋은 반도체 출신들이 장악했었는데, 휴대폰 사업이 커지다 보니 휴대폰 기획을 담당했던 필자가 발탁된 것이다. 그러나 대외적으로는 비서실이 해체되어서 행동이 자유롭지 못했다. 비서실 임원들은 거의 관리 출신으로 담당 회사를 한마디로 심하게 관리하는 임원들이 대부분이었다. 관계회사들이 힘들었다는 말이다. 반면 필자는 기획 출신이다 보니 나름 합리적으로 대해서인지 담당 회사에서의 평판이 나쁘지 않았다. 하지만 비서실 내부에서는 너무 온건하다는 시각이 있었다.

비서실에 올라간 지 1년 6개월이 된, 2018년 12월 중순의 어느 날 출근했는데 팀장이 필자를 불렀다. 사전예고도 없이 내일부터 무선 사업부에 가서 일하라는 것이었다. 연말 조직개편에 맞춘 인사발령이라는 투로 갑자기 통보했다. 너무 황당하고 예의 없는 처사였다. 이런 통보는 도저히 참을 수 없는 인격 모독이라는 생각이 들어 다음 날 출근하지 않고 사의 표명을 했다.

비서실 역사상 임원이 인사명령을 거부하고 사의를 표명했던 전례가 없었다. 이러한 사실이 그룹 내에 알려지면 비서실 위상에 타격을 입는다고 생각했는지, 다음 날 내가 원하는 곳 어디라도 보내줄 테니 사표는 걷어달라고 했다. 그래서 해외 근무를 원한다고 말했다. 사실 외국에서 근무는 한 번도 못 해봤기 때문에 미국에 1년 동안 연수를 가겠다고 한 것이었다. 2009년 3월에 가족과 함께 미국으로 떠났다.

2009년 12월, 미국 생활 9개월을 마치고 상무에서 전무로 승진해 무선 사업부 기획팀장으로 복귀했다. 휴대폰 사업부는 2009년 6월에 갤럭시를 출시하면서 국내 시장을 굳건히 지켰고, 글로벌 휴대폰 시장에서 애플을 견제할 확실한 2인자로 자리 잡았다. 휴대폰 사업부 임직원들의 피와 땀으로 만들어낸 결과였기에, 필자는 1년간 미국에서 휴식기를 보낸 것을 조금이나마 만회하고자, 미래형 휴대폰을 기획해 비즈니스에 도움이 되고 싶었다.

2010년 봄, 기획팀 내 핵심인력 3명과 함께 차세대 제품을 기획했다. LG전자가 2019년 9월에 출시한 듀얼 스크린과 같은 휴대폰이었다. 2010년 당시 상품기획 내용을 사장에게 보고하면서 30명 개발인력만 할당해주면 기획팀 주관으로 2013년 안에 제품을 개발해보겠다고 제안했다. 그러나 미국 연수로 1년간 쉬다 와서 그런지 현실감이 없다고 일언지하 거절당했다. 지금 애플과 전쟁 중인데, 기획팀에서는 엉뚱한 일하지 말고 애플을 이길 수 있는 홍보에만 전념해달라는 것이다. 홍보는 홍보팀에서 해야 할 일이고, 기획팀은 사업부 미래를 준비하는 게 주 업무라 사장 지시를 받아들일 수 없었다. 개발자 출신이 사장이다 보니 미래를 준비하려는 기획팀 역할에 맞는 업무 지시보다는 단기 문제 해결에 지시가 많아져서 필자는 사의를 표명했다. 전무급 기획팀장에게 단기적인 업무만을 처리하게 하려면 기획팀을 없애든지, 아니면 상무급으로 직급을 낮추어 다른 팀 산하로 배속시켜달라고 했다. 사실 당시 사장은 업무적 인연이 20년 이상 되어 서로를 너무 잘 알았다. 개인적으로는 존경하는 분이기도 했지만, 업무적으로 더는 기획팀장을 맡을 수 없는 상황이었다.

인사팀에서는 필자가 하는 업무에 사장이 전혀 불만이 없는데 왜 그러냐고 설득했지만, 계속 사의를 표명했다. 그러자 영업부서로 옮겨보는 것이 어떻겠냐는 제안을 해왔다. 어린 시절, 어머니 장사하는 데 따라 다녔고, 대학 시절 포장마차를 해본 경험도 있었다. 대리 시절에는 ARS/VMS 사업도 성공시켜본 경험을 밑거름 삼아 영업부서로 가겠다고 제안을 받아들였다. 마지막 회사 생활이라는 각오로 2011년 12월에 한국 총괄 모바일 영업팀장으로 부임하게 되었다.

2012년 영업부서로 옮기면서 임전무퇴라는 각오로 마지막 회사 생활을 후회 없이 마무리하고자 각오를 다졌다. 이런 각오로 영업팀으로 왔기 때문에 결단력과 강한 추진력, 그리고 누구에게도 눈치 보지 않고 소신대로 일을 추진했다. 죽기 살기로 한다면 안 되는 일이 없다는 것을 증명하고 싶었다. 영업팀으로 와서 월등한 판매실적을 올리자, 필자를 전설(Legend)이라고 부를 만큼 따르는 직원들이 많았다. 지금도 매년 스승의 날 찾아와서 카네이션을 주는 직장 후배가 있어 보람을 느낀다.

영업팀에 있을 때 임직원들이 야근하는 병폐를 없앴다. 대개 영업 직원들이 야근하는 경우는 상사가 자료 작성을 지시하는 게 이유였다.

팀장이 목표를 달성하기 위한 영업전략을 수립하라고 담당 임원에게 지시하면, 임원은 부장에게, 부장은 차장, 과장에게 지시하게 된다. 결국, 전략 자료를 과장이나 사원들이 모여 만들면서 야근하게 되는 것이다. 임원이 부서원에게 지시할 때는 정확히 전략 방향을 제시해야 한다. 대개는 목표만 제시하고 전략을 만들어보라고만 하니, 경험이 부족한 직원들은 헤맬 수밖에 없다.

필자는 목표를 제시할 때 전략 방향까지 정확히 제시했다. 그래야 자료 작성 시간을 대폭 줄일 수 있기 때문이다. 그러다 보니 자연스럽게 야근이 줄어들고, 정시퇴근도 가능했다. 정시퇴근은 윗사람이 우선 모범을 보여야 정착된다. 필자가 6시 10분에 퇴근하면, 그다음 임원들은 10분 후에 나가고, 직원들도 6시 30분이면 전부 퇴근할 수 있었다. 핵심 사안을 간파해서 직원들에게 정확히 지시하는 상사가 훌륭한 전략형 리더라고 생각한다. 그렇지 못한 관리형 리더들은 구체적인 전략 방향 없이 목표만 무조건 직원들에게 던진다. 관리형 리더 밑에 있는 직원들은 회사 생활이 너무 고달프다.

2012년 월등한 영업실적을 달성했다. 내심 부사장 특진을 기대했으나, 연말 승진자 명단에 없었다. 사실 승진 발표 전날 저녁에 비서실장으로부터 전화가 왔다. 승진 이야기는 없었다. 나중에 안 사실이지만 승진을 시켜야 하는데 그러지 못할 경우, 미안하다는 뜻으로 비서실장이 직접 당사자에게 전화하는 게 관행이라고 한다. 어쨌든 엄청난 성과를 냈음에도 불구하고, 고위 직급도 연공서열에 의해 승진하는 것이 삼성

스타일답지 않다고 생각해서 사표를 제출했다. 필자를 아는 사람들은 그 들어가기 어렵다는 회사에서 잘나가던 사람이 왜 나왔냐고 안타까워하는 사람들이 많았다.

인생 1막인 회사생활은 국가를 위해서, 회사를 위해서, 가족을 위해서 열심히 앞만 보고 달려왔지만, 정작 내 존재는 잊고 살아온 세월임을 깨달았다. 50대 중반이지만 남은 인생은 나 자신을 위해, 내가 좋아하는 것을 하면서 살고 싶다는 생각이 들었다.

당시 비서실장께서 아직 한창 일할 나이고 할 일도 많은데 왜 나가냐고 만류하는 메시지를 보내왔다. 직장인들은 날개를 가지고 있는데 조직이라는 새장 속에서만 살다 보니 새장 문을 열어줘도 날지 못하게 되었다. 더 늦기 전에 밀림이 위험할지라도 훨훨 날아보고 싶다는 답변을 보냈다. 2012년 12월 30일 필자의 인생을 단단하고, 또 화려하게 바꿔준 27년간의 삼성전자 생활을 마무리했다.

7. 미래 휴대폰은 어떨까?

청년들은 지금 스마트폰 디자인이나 성능과 기능에 만족하는지 모르겠다. 아날로그 시대 휴대폰은 벽돌과 같이 컸다. 휴대폰 가격이 웬만한 집 한 채 가격으로, 부자의 상징이었다. 특히 카폰은 자동차에 긴 안테나를 달고 다녔다. 실제 카폰이 없으면서도 안테나만 달고 다니던 차도 상당수 있었다. 대단한 부자인 척 자랑하기 쉬워서였다.

디지털 휴대폰의 처음 액정은 흑백이었다. 벨소리도 단순했지만, 폭발적인 인기를 끌었다. 통화요금이 시외전화 요금보다 비싸지만, 공중전화 부스 안에서도 휴대폰을 사용하는 모습에 휴대폰의 대중화를 예측할 수 있었다. 그 당시 미래 휴대폰에 대한 소비자 조사를 해보면, 당시 휴대폰에 만족하기 때문에 더는 새로운 것에 대한 갈망이 없었다.

마침내 칼러 액정이 나오고, 벨소리가 다양해졌다. 데이터 통신으로 인터넷까지 사용 가능해졌다. 당시 휴대폰 디자인도 폴더 타입, 슬라이드 타입과 같이 다양하게 나왔다. 발전에 발전을 거듭해서 신제품이 계속 쏟아져 나왔다. 지금 스마트폰 디자인은 바 타입(Bar Type), 하나로 대중적인 선호도가 결정되었다. 차세대 스마트폰 디자인이 궁금해진다.

만약 지금의 스마트폰이 불만족스럽다면 어떤 휴대폰이 개발되기를 바라는가? 두루마리 타입 휴대폰, 최근에 출시된 옆으로 또는 앞뒤로 접었다 폈다 하는 폴더형 휴대폰, 아니면 안경 타입 등 여러 가지를 예상할 수 있다.

미래 휴대폰 개발을 위해서는 내부 부품을 먼저 개발해야 한다. 부품업체들이 어떤 기술들을 개발하는지를 보면 대충 결과물을 짐작할 수 있다. 필자는 안경 타입의 휴대폰이 미래의 주력제품이 되지 않을까 예측해본다. 구글글라스가 현재 많이 팔리지는 않았지만, 안경 타입으로 시중에 나왔었다. 안경 타입은 안경렌즈가 스크린 역할을 할 수 있고 안경다리는 신체와 접촉이 되기 때문에 우리 인체 모든 정보를 실시간으로 파악하고 저장도 가능하다. 물론 안경 타입 휴대폰은 본체가 따로 필요할 것이다. 본체와 안경 폰은 블루투스로 연결되고, 본체에 모든 정보와 다른 휴대폰과 통신을 하는 역할도 할 것이다. 기능적으로는 내 건강관리가 가능한 휴대폰을 기대한다. 즉 내 건강데이터를 모으고, 수집한 데이터를 분석해 질병 예방과 치료를 할 수 있다.

만약에 불의의 사고를 당하면 휴대폰에 저장된 연락처로 자동으로 연결될 것이다. 안경은 항상 몸에 붙어 있고 안경을 통해서 모든 것을 보고 있어서 다양한 서비스가 발전할 수 있다. 어디서 본 듯한 사람을 보면, 기억에는 없지만, 관련 정보가 안경렌즈에 표시될 수도 있다. 앞으로는 명함 교환조차 필요 없을 것이다. 우리가 이야기하거나 보는 모든 것을 저장할 수 있다. VR이나 AR과 같은 가상현실이나 게임, 그리고 안경렌즈를 통해 영화도 볼 수도 있기 때문이다.

만약 안경 타입 디자인의 휴대폰이 출시되면 판매 가격이 얼마일까? 지금보다 저렴해질 것인가? 아마도 그렇지 않을 것이다. 안경 타입과 연결하는 휴대폰은 추가로 본체가 꼭 필요하기 때문이다. 덧붙여 휴대폰을 만드는 회사들이 단가를 낮춘 휴대폰을 만들기 싫어하기 때문이다. 여러분들도 상상력을 발휘해 좋은 아이디어가 생각나면 특허등록을 해놓길 바란다. 좋은 특허는 여러분들을 부자로 만들어줄 수 있기에 많은 상상을 해보길 추천한다.

8. 자율주행차 타면 뭐하지?

1~2년 안에 고속도로에서는 자율주행 상태로 달리는 자동차가 나올 것이다. 사람이 전혀 운전에 신경 쓰지 않고 자동으로 목적지에 도착할 수 있는 완전 무인차는 약 10년 후인 2030년경에 판매될 전망이다.

만약 자율주행 자동차로 서울에서 부산까지 이동한다면, 여러분들은 자동차 안에서 무엇을 할 것인가? 피곤해서 잠을 잘 수도 있고, 영화를 볼 수 있고 게임을 할 수 있다. 물론 음악도 들을 수 있고 친구들과 영상통화나 가상여행도 할 수 있다. 바로 새로운 공간, 즉 새로운 사업 분야가 생기는 것이다. 자율주행 자동차 공간에서 유익하고 재미있는 시간을 보낼 수 있다면 많은 돈을 벌 수 있을 것이다.

자율주행 자동차가 나오면 세상은 많이 바뀔 것이다. 우선 과거 버스 안내양이 사라진 것처럼, 운전기사들 직업이 사라질 것이다. 교통사고도 획기적으로 감소할 것이다. 미국은 1년에 교통사고로 사망하는 사람이 4만 명이라고 한다. 놀랍지 않은가? 우리나라의 2018년 교통사고 사망자 수는 약 3,800명, 부상자 수는 33만 2,000명 수준으로 OECD 국가 중 최다 수준이다. 그런데 자동차 사고 원인 중 93%가 운전자 잘못이라고 한다. 자율주행 자동차가 상용화되면 교통사고가 획기적으로 줄 것이다.

자동차 사고가 줄어들면 연쇄적으로 병원이 줄고 의사 일자리도 줄 것이다. 특히 정형외과가 많이 줄어들 것이고, 특이하게 심장병 이식 의사도 많이 줄어들 전망이다. 이유는 심장이식에 필요한 심장을 자동차 사고로 죽은 사람으로부터 90%를 확보하는데, 사고가 줄어들면 심장 구하기가 어렵게 되기 때문이다. 자동으로 안전운전이 되기 때문에 운전자로 인해 발생하는 교통 범칙금도 없어지고 운전면허증도 필요 없을 것이다. 이쯤 되면 자동차 생산 회사가 벌금을 내는 세상도 올 수 있을 것이다.

우버(Uber)와 같이 자동차 공유제가 일반화될 수도 있다. 공유제는 무엇일까? 현재는 자동차 대부분을 개인이 소유한다. 소유에 따른 보험료가 발생하고 자동차 고장에 따른 수리비와 자동차 세차비 등 많은 돈이 들어간다. 앞으로는 공유택시를 많이 이용할 것이다. 자율주행 자동차는 지금의 택시요금을 최대 70%까지 낮출 수 있다. 왜냐하면, 택시비의 인건비가 거의 70% 수준이기 때문이다. 자율주행 자동차는 운전기사가 필요 없다보니, 택시기사 비용이 빠져서 택시요금을 대폭 낮출 수가 있다.

결국, 세계 자동차 시장 규모가 확 줄어들게 될 것이다. 기존 자동차 회사들이 많이 망할 수 있다. 연달아 자동차 관련 산업이 축소될 수 있어 엄청난 변화가 예측된다. 도심이나 아파트 주차장 구조도 변화를 피할 수 없다. 주거지 주차장이 아예 사라진다. 이렇게 기술 변화가 자동차 관련 산업뿐만 아니라 우리의 삶에도 엄청난 변화를 가져올 수 있다. 지금까지 당연했던 사실들이 완전히 바뀔 수밖에 없다.

우리 청년들이 자율주행 자동차가 몰고 올 미래 변화를 예측한다면 새로운 사업 기회를 잡을 수 있을 것이다. 만약에 자율주행 자동차를 소유하고 있다면 내 차가 돈을 벌어다 줄 수 있을 것이다. 내가 사용하지 않는 시간에 자동차를 자동차 공유회사에 빌려주면 수익이 발생할 것이다. 이러한 공유 서비스를 구상해서 먼저 시도한다면 어떨까?

청년들이 다가오는 미래에 대한 변화를 예측하기 위해서는 다양한 공부를 해야 한다. 이런 예측은 학교에서 배울 수 없다. 자율주행 자동차에 대해 잘 아는 사람들끼리 커뮤니티를 만들어서 정보와 지식을 공유함으로써 새로운 아이디어를 만들어낼 수 있을 것이다. 진정 살아 있는 교육이라 생각한다. 그럼 어떻게 해야 할까? 일론 머스크처럼 많은 책을 읽고 친구들과 서로 의견을 나누고 상상을 하고 먼저 움직여야 한다. 자율주행 자동차 시대를 상상해보고 새로운 비즈니스 기회를 잡아보자.

9. 넘어지지 않은 오토바이

남자들이라면 한 번쯤 멋진 오토바이를 타고 쭉 뚫린 길을 쌩쌩 달리고픈 욕망이 있을 것이다. 우리 세대는 나중에 여유가 되면 수천만 원을 호가하는 할리 데이비슨 오토바이를 사서, 오토바이 여행동호회에 가입하는 것이 로망이었다. 사실 오토바이만큼 위험한 교통수단도 없는데, 그 모습만큼은 너무 멋져 보인다.

오토바이는 자동차와 달리 운전자를 보호할 장치가 전혀 없다. 운전 미숙으로 넘어지는 경우도 매우 많아 교통사고가 자주 나는 것이 사실이다. 오토바이 회사들은 이러한 문제를 해결하기 위해서 넘어지지 않는 오토바이를 개발하고 있다. 넘어지지 않은 오토바이는 운전자 헬멧이 없는 대신 커다란 안경처럼 바람도 막아주고, 안면 디스플레이에 내비게이션 기능, 후방 교통상황, 충돌 위험과 같은 위급한 상황, 교통정보를 실시간으로 받아볼 수 있는 정보 바이저 헬멧을 쓰게 될 것이다.

2016년에 자동차로 유명한 BMW 회사가 회사 창립 100

주년을 기념해 '넘어지지 않는 오토바이'인 모터라드 비전 넥스트 100(Motorrad Vision Next 100) 콘셉트를 발표했다. 즉, 주행하거나 정지했을 때도 균형을 잡아주는 자가 균형 기술이 내장되고 공해 물질도 배출하지 않는 오토바이를 판매할 계획이라고 밝혔다.

오토바이 시장에서 세계 1등인 일본 혼다도 2017년 1월 미국 라스베이거스에서 열리는 CES 2017 기간에 넘어지지 않는 오토바이를 공개했다. 기존 자이로 기술이 아닌, 자신들이 만든 아시모(ASIMO) 로봇의 균형 제어 기술을 오토바이에 적용했으며 조만간에 판매할 계획을 알렸다. 이 밖에도 전기 충전으로 가는 전기 오토바이, 자동으로 움직이는 자율 오토바이, 그리고 하늘을 나는 오토바이가 더 이상 꿈이 아닌 현실로 다가왔다. 결국, 자동차나 항공기, 우주선, 로봇 등에 적용된 기술을 활용해 새로운 제품을 만들어내는 창조의 시대가 현실로 구현되고 있다.

자율주행 자동차는 아는 이야기다. 자율주행 의자라고 들어봤는가? 자율주행 자동차 기술을 활용해서 수많은 새로운 제품이나 기계를 만들 수 있다고 언급했는데, 일본 닛산에서 자율주행 의자를 만들었다. 자율주행 자동차가 실제 도로에서 운행되려면 법 개정 등 수많은 법적 절차와 검증이 필요하다. 상용화를 위해 많은 시간이 소요되고, 고도의 정밀 기술도 필요하다. 그래서 현재 보유한 자율주행 기술을 이용해 돈도 벌고, 자율 주행기술을 실제로 활용하기 위해 자율주행 의자를 만들었다.

자율주행 의자는 호텔이나 대규모 회의실에서 사용한다. 기존에는 책상이나 의자를 배치하고 정리하는 데 많은 인력이 필요했다. 자율주행 의자는 의자 스스로가 정해진 위치에 갔다가, 다시 원위치에 오는 기술로, 로봇 청소기가 움직이는 것과 마찬가지다. 현재 식당에서 상용화해서 사용하고 있다. 손님이 대기표를 받고 자율주행 의자에 앉아 있으면, 의자 스스로가 자기 차례가 되면 비어 있는 식탁으로 이동한다. 자율주행 의자는 식당 홍보로도 사용되니 참으로 기발하다.

현재까지 개발된 자율주행 기술만으로도 응용할 수 있는 분야는 매우 많다. 누가 이러한 창의력을 발휘하느냐가 새로운 시장을 만들고 선점할 수 있다. 자율주행 의자는 주로 실내에서 사용되기 때문에 별도로 법을 만들 필요가 없다. 아주 작은 틈새시장을 만들어낸 것이다. 자율주행 휠체어도 개발되었다. 주도 실내에서만 사용하는 단점이 있지만, 공항 같은 곳에서 거동이 불편한 사람들이 유용하게 사용하고 있다. 자율주행 자동차 기술을 활용하면 자율주행 선박, 자율주행 트랙터, 자율주행 자전거 등에 적용할 수 있다. 다양한 신규 사업이 가능할 것이다.

국내 모 자전거회사 중역에게 들은 말이다. 요즘 세계적으로 자전거 수요가 줄고 있다는 것이다. 그 이유는 자전거가 스포츠용으로 인식되어 수요층이 제한되어 일반인은 사용을 잘 하지 않는다는 분석이다. 게다가 자전거 성능이 좋아져서 고장도 잘 안 나고, 수명도 길어서 수요 전망이 어둡다고 지적했다. 따라서 자전거 용도를 오토바이처럼 스포츠용에서 이동용으로 개념을 바꾸려고 한다. 일반 자전거가 아니고 전기 자전거를 만들어서 판매할 계획을 언급했다. 고령화 사회에 맞추어 간편한 이동 수단이 필요하다는 지적이다. 산악용 자전거인 MTB 자전거 수요도 이미 줄었다고 분석했다. 이제는 전기 MTB를 만들어서 올라갈 때는 전기 힘으로 올라가고, 내려올 때는 수동으로 작동해 젊었을 때 MTB를 탄 경험을 제공하겠다고 한다. 물론 자전거도 넘어지지 않고, 자율주행 모드로 달리는 자전거까지 나왔다.

이렇듯이 다른 산업 분야에서 사용되고 있는 기술을 이

용하면 쉽게 새로운 산업을 만들어낼 수 있다. 이러한 아이디어를 내려면 다양한 분야의 기술과 산업을 알아야 할 것이다. 꼭 내가 모든 것을 다 가질 필요가 없다. 다른 분야의 기술이나 서비스를 활용하면 새로운 것을 쉽게 만들 수 있을 것이다. 여러분도 도전해보자. 사업성이 있는 아이디어 발굴이 시작이다. 좋은 아이디어에는 돈이 몰린다는 사실을 기억하자.

Industry 4.0

C H A P T E R

IV

인생 1막을 이겨내고

성공 인생 3막을 디자인한다

Industry 4.0

4차 산업혁명 시대 상위 1%, 골든타임을 잡아라

1

인생 1막,
청계천 수상 가옥에서 자란
희망 절벽 학생

사람들에게 살아온 삶이 어떠냐고 묻는다면, 아마 순탄한 삶을 살았다는 사람은 거의 없을 것이다. 남의 노력이나 성공은 쉬워 보이지만, 자신의 삶은 고달프다고 느낄 것이다.

세상에는 어려운 역경을 딛고 위대한 업적을 낸 훌륭한 사람들이 대단히 많다. 하지만 어렸을 적에는 내 삶만이 가장 고통스럽다고 느꼈었다. 지금 와서 회고해보니 나만 힘들었던 삶이 아니라는 생각이 든다. 불가능을 가능으로 삶을 바꿔놓은 훌륭한 사람들에 비하면 지금 내 삶을 글로 쓴다는 게 창피할 정도다. 필자는 평범한 보통 사람일 뿐이다. 다만 현재를 살아가는 청년들에게 목표를 이루기 위해 노력하면 어떠한 운명도 바꿀 수 있다는 희망의 메시지를 전하고 싶은 마음이다.

대통령, 그룹 총수, 세계적 유명인사가 되는 목표라면 너무 높아 꿈꾸는 것조차 포기하기에 십상이다. 사실 대기업 임원이라고 해도 삼성전자 임원 숫자가 1,000명이 넘으니 어찌 보면 임원이 그렇게 대단한 것도 아니다. 누구나 임원의 목표를 가지고 열심히 노력한다면 얼마든지 올라갈 수 있는 자리다.

청년 시절, 아무리 어려웠어도 20~30여 년을 어떻게 보내느냐에 따라 노후가 완전히 달라진다. 고등학교, 대학교 동창들을 30년이 지난 후에 만나보면 삶 자체가 바뀐 친구들이 많다. 학교 다닐 적에 공부도 못하고 생활이 어렵고 비전 없었던 친구가 오히려 성공한 사례가 참 많다.

한때 세계를 지배했던 칭기즈칸의 유명한 어록을 읽어본다.

'집안이 나쁘다고 탓하지 말라, 나는 9살 때 아버지를 잃고 마을에서 쫓겨났다. 가난하다고 말하지 말라, 나는 쥐를 잡아먹으며 연명했고, 목숨을 건 전쟁이 내 직업이고 내 일이었다. 작은 나라에서 태어났다고 말하지 말라. 그림자 말고는 친구도 없고 병사 10만, 백성은 어린애, 노인까지 합쳐 200만도 되지 않았다. 배운 게 없다고, 힘이 없다고 탓하지 말라. 나는 내 이름도 쓸 줄 몰랐으나 남의 말에 귀 기울이며 현명해지는 법을 배웠다. 너무 막막하다고 그래서 포기해야겠다고 말하지 말라. 나는 목에 칼을 쓰고 탈출했고 뺨에 화살을 맞고 죽었다 살아나기도 했다. 적은 밖에 있는 것이 아니라 내 안에 있었다. 나는 내게 거추장스러운 것을 깡그리 쓸어버렸다. 나를 극복하는 순간 칭기즈칸이 되었다.'

역경과 시련이 클수록 더욱 큰 성공을 이룬다. 지금 죽고 싶을 만큼 어렵다면 더 큰 성공을 이룰 수 있다는 기회라고 긍정적으로 생각하고 이겨내자. 혹시 지금 처한 환경이 불우해 앞이 깜깜해서 미래가 안 보이는 청년들이 있다면 절대 현실에 매몰되지 않아야 한다. 작은 성공이라도 이루려면 혼신의 노력을 다한다는 생각을 가졌으면 하는 바람이다.

현대판 천민으로 태어나다

지금 청계천은 낭만이 가득한 관광명소로 유명하다. 약 60년 전, 청계천에는 수상 가옥이 즐비했다. 그야말로 도심 빈민촌 허름한 집들이 빼곡히 형성되었던 곳이었다. 그 시절 청계천 수상 가옥 사진을 우연히 발견하고, 필자가 어렸을 때 살았던 집이라고 페이스북에 사진을 올렸다. 한 후배가 놀랍다는 댓글을 올렸다. 삼성전자에서 임원 생활했기 때문인지 몰라도, 필자가 어린 시절에 부유한 집에서 유복하게 살았을 것이라고 생각했다는 말을 덧붙였다.

필자의 어린 시절은 참 암울하고 희망 없는 삶이었다. 흙수저라기도 부르기 어려운 비참한 생활이었다. 2살 무렵, 아버지는 내 어머니와 나를 버리고 다른 여자와 살았다. 그 시절에 젊은 과부가 핏덩어리 같은 2살짜리와 살아간다는 것은 결코 쉬운 일이 아니었다. 더군다나 남편은 다른 여자와 살고 있는데, 핏덩어리 자식 하나만을 바라보고 산다는 것이 참 억울하고 힘들었을 것이다.

4살 때, 청계천 수상 가옥에서 대문 옆 단칸방에 살았던 기억이 생생하다. 어린 나이에도 그때 생활이 무척 힘들었나 보다. 어머니는 청계천 근처 평화시장에서 화장품이나 옷을 구매해 경기도 포천에 내다 팔았다. 아마 청계천에 자리를 잡은 이유는 집세와 장사할 물건도 싸게 살 수 있는 평화시장이 근처에 있었기 때문이었을 것이다.

　초등학교 입학 전까지 어머니가 장사하는 곳을 4년을 따라다녔다. 일주일 정도 장사하고 청계천 단칸방에는 2~3일 머무는 생활을 계속 반복했다. 특히 겨울철이 가장 힘들었다. 장사를 마치고 저녁에 돌아오면 자물쇠 대신에 박아놓은 못부터 빼는 게 첫 번째 일이었다. 그리고 주인집에서 불붙은 연탄을 빌려와 저녁을 해 먹었다.

　새 연탄으로 갈아놓고 자는데 불이 붙지 않아서 새벽까지 차디찬 방바닥에서 잠들 수밖에 없었다. 어머니는 내가 추울까봐 품에 꼭 껴안고 잠을 청했는데, 젊은 과부가 어린 자식과 보낸 매섭고 추운 겨울밤이 얼마나 길고 서글펐을까? 당시는 연탄가스 중독으로 죽는 사람들이 많았는데, 우리도 연탄가스에 중독되어 죽을 고비를 넘긴 적도 있다. 이러한 수상 가옥 생활은 필자가 7살 때 청계천에 대화재가 나면서 끝이 났다.

우울한 장돌뱅이 어린 시절

어머니가 장사하는 포천은 전방 지역이라 직업군인들이 많아서인지 나름대로 장사가 잘되었다. 장사하러 나가면 시골이라 식당이나 여관이 매우 귀했다. 그래서 매일 밥을 얻어먹고 잠잘 방을 구하는 게 가장 중요한 일상이었다. 밥을 주거나 잠을 재워주면, 꼭 대가를 냈는데 돈보다는 주로 쌀을 주었다. 가끔은 재워달라고 부탁하면, 싫어하는 기색을 보이는 집들도 있었다. 어린 나이에도 싫어하는 눈치를 알아채고 다른 곳으로 가자고 어머니를 졸랐던 기억이 난다. 방을 구하지 못하면 헛간에서 볏짚 깔아놓고 잠잔 경우도 허다했다.

비록 어린 나이었지만, 장사를 따라 다니다 보니, 과연 저 사람이 물건을 살 사람인지, 아닌지 느낌으로 알 수 있었다. 아주머니들이 가끔 우리 물건을 훔쳐가는 장난을 했다. 어린 내가 어찌할 줄 몰라 당황하는 모습이 재미있었던 모양이다. 그럴 때마다 나는 장사 보따리를 몸으로 감싸면서 물건을 못 가져가게 막았다. 곧장 빼앗긴 물건을 되찾아오곤 했다. 당시에 가장 듣기 싫은 말이 네 엄마 시집보내겠다는 말이었다. 물론 장난삼아서 하는 말이었지만 두려움이 컸다. 어머니가 시집가버리면 그 즉시 고아원에 들어가야 한다는 두려움이 밀려왔던 것 같다. 나에게 어머니의 존재는 절대적이고, 모든 것이었다.

당시 대중교통이 없던 지역이라 항상 걸어다닐 수밖에 없었다. 4살 무렵이라 걷기 싫다고 떼를 쓰며 우는 경우가 많았다. 그럴 때면 어머니는 물건 보따리를 몇백 미터 앞서 가져다 놓고 다시 돌아와 나를 업고 보따리 있는 곳까지 가곤 했다. 어머니가 힘에 부치면 할 수 없이 매를 드셨다. 특히 겨울에는 방한복이 없어 항상 추웠던 기억만 남아 있다. 살을 에는 듯한 칼바람을 맞으며 아무도 없는 산길을 걷기가 너무 견디기 힘들었다. 한 번은 겨울바람이 휘몰아치는 길을 걸어가고 있는데 경찰차가 지나가다 우리 모자가 불쌍해 보였는지 돌아와서 우리를 태워주었던 기억이 난다. 경찰 덕분에 마을까지 차를 타고 온 고마움이 지금까지 생생하게 기억하니 정말 걷는 게 싫고 힘들었나 보다.

나중에 어머니가 장사를 그만두셨을 때, 어머니의 발바닥이 흉측할 정도로 다 일그러져 있었다. 어머니는 무거운 짐을 머리에 이고, 어린 자식까지 업고, 그렇게 10년 넘게 장사판을 돌아다니셨다. 물건을 하나라도 팔기 위해 끝없이 걸었던 삶의 고단한 흔적이 고스란히 남았다. 물건을 팔면 짐이 가벼워져야 했는데, 시골이라 물건 값을 돈으로 치르는 경우가 드물었다. 쌀이나 잡곡과 같이 현물을 주는 경우가 많아서, 항상 무거운 짐을 머리에 이고 다닐 수밖에 없었던 힘든 나날이었다.

어머니를 위해 뭐든지 했다

7살 때 청계천에서 보문동 산동네에 있는 2평 남짓 단칸방으로 이사했다. 어머니는 내가 초등학교에 입학해야 한다고, 밥해줄 누나를 시골에서 데려왔다. 당시 가난한 시골에서는 식구 하나 입을 덜기 위해서 소위 말하는 식모로 많이 상경시켰다. 간혹 밥해주던 누나가 나가면, 다른 누나가 올 때까지 스스로 끼니를 해결해야 했다. 어머니가 장사 나가면 일주일씩 집을 비우셨다. 어린 나이였지만, 밥해주는 누나가 없으면 혼자 연탄불도 갈고, 밥뿐만 아니라 빨래도 할 수밖에 없었다. 그래서 동네에서 효자라는 소리를 들으며 컸다. 어린아이가 불쌍해 보였던지, 고맙게도 옆집에서 밥이나 반찬도 갖다 주시고 가끔은 같이 식사하자고 초대도 했다.

어린 시절에 정말 기억하고 싶지 않은 일이 어머니가 빌려준 돈에 대한 이자를 매월 받으러 다니는 것이었다. 어머니가 돈을 조금씩 벌면서 주변 사람들에게 돈을 빌려주어 이자를 받아 살림에 보탰다. 매월 이자 받아오는 일이 내 몫이었다. 이자 받는 날짜가 되면 학교 끝난 후 그 집에 가서 이자 줄 때까지 앉아 있었다. 어린 나이에 엄청난 스트레스였다. 이자 받으러 가는 게 창피하고 죽기보다 싫었지만, 어머니가 힘들게 번 돈이었기에 할 수 없이 받으러 다녔다. 특히 개 키우는 집에 가는 경우는 더 힘들었다. 몇 번인가 개 옆을 지나 들어가면서 심하게 물린 경험도 있다. 아직도 큰 개를 보면 가슴이 덜컥 내려앉을 정도로 여전히

트라우마가 있다.

돈을 빌린 사람 대부분은 어머니가 어렵게 번 돈이라는 것을 알고 원금을 갚았지만, 몇몇은 돈을 갚지 않고 이사 가거나 잠적해버리는 무책임한 사람들도 있었다. 학교 다닐 때뿐만 아니라, 회사 다닐 때도 원금을 받으러 이사 간 집을 수차례 찾아다니곤 했다. 정말 싫었던 일이었지만, 어머니를 위해서 할 수밖에 없었다.

한 맺힌 어머니 죽음에 대성통곡

다른 집 살림하는 아버지는 철공소를 운영하셨다. 갑자기 부도가 나자 어머니에게 돈을 빌리기 위해 몇 차례 집에 왔다. 그때 전혀 생각지도 못했던 동생이 생겼다. 초등학교 5학년 때 동생이 태어났다. 그러나 야속한 아버지는 어머니 돈만 챙긴 후, 완전히 발길을 끊었다. 어머니는 돈을 주면 아버지가 집으로 돌아올 것이라고 기대하셨던 듯하다. 40대 늦은 나이로 동생을 낳은 어머니는 더는 장사 할 수 없는 지경에 이르렀다. 그동안 억척스럽게 모은 돈으로 삼양동에 20평짜리 단독주택을 어쩔 수 없이 샀다. 어머니가 어린 동생을 키우기 위해 집에만 있게 되면서 생활은 점차 궁핍해져갔다.

고등학교 2학년 때다. 갑자기 아버지가 사업자금이 또 부족해지자 집에 다시 찾아왔다. 어머니가 고생해서 모은 돈을 사기 치듯 모조리 뺏어갔다. 2번의 배반에 충격을 받은 어머니는 정신이 온전치 못했다. 이로 인해 엄청난 시련이 닥쳐왔다. 어머니는 밤마다 헛소리를 중얼거렸다. 헛것이 보인다고 칼까지 휘두르는 일이 일상이 되었다. 소위 귀신이 씌웠다고 용한 무당을 불러 굿도 했다. 천안에 유명한 한의원까지 가서 한약을 지어왔으나, 차도가 없었다.

가장 민감한 사춘기 시절에 집안이 풍비박산 났다. 성격이 더욱 내성적으로 변해 친구도 거의 없었다. 성적도 좋을 리 없는 우울한 고등학교 생활을 보냈다. 그나마 다행히 집에 세 들어 사는 아주머니가 밥을 해주셔서 끼니는 겨우 해결했다. 지금이라도 은혜 갚고 싶은 마음이 간절하지만, 찾을 길이 없다.

필자가 대학에 들어가서는 어머니 병세가 다소 호전되었다. 하지만 한이 깊이 박혀서 그런지 종일 혼잣말로 중얼거리는 폐인이 되셨다. 나중에는 당뇨까지 겹쳐서 66세에 한 많은 삶으로 고생만 하다가 돌아가셨다. 가슴이 무너졌다. 어머니를 차가운 땅속에 묻는 데 왜 그리 서러운지 목 놓아 울었다.

성적 450등도 대학에 들어갔고 취업도 했다

어머니는 나를 끔찍이도 사랑했다. 하지만 자식을 성공시켜야 한다는 신념으로 엄하게 키우셨다. 말을 잘 안 듣거나 성적이 나쁘면 곧장 매를 들었다. 어머니는 아들이 판검사가 되어 아버지와 함께 사는 여자에게 복수하는 일이 유일한 삶의 목표였다. 나는 어머니 희망에 부응하지 못했고, 공부도 잘하지 못했다. 하지만 어머니 속 썩이는 행동은 거의 하지 않으려고 노력했다. 그러나 학교 성적 때문에 무척 많이 맞았다. 아마 성적이 나쁘면 당신의 한을 풀 수 없다는 생각 때문일 것이다. 가끔은 맞는 게 두려워서 성적표를 고쳐서 어머니께 드렸던 적도 있다.

확실하지 않지만, 고등학교 2학년 1학기 때 성적이 전교 720명 중 450등 정도로 급격히 떨어졌다. 어머니가 정신병에 걸리다 보니 내 삶이 엉망이 된 결과였다. 성적표를 받아든 순간, 대학에 못 갈 수도 있다는 불안감이 엄습해왔다. 당시에는 대학을 들어가야만 최소한의 삶이 보장되던 시절이었다. 이러다가 완전히 인생 망칠 수 있다는 생각으로 등에 식은땀이 흘렀다. 죽고 싶은 심정이었으나 단기간에 가정형편이 좋아질 기미마저 보이지 않았다. 그래서 2학기부터 자신 있던 수학과 과학 과목에만 집중했다. 3학년에 올라와서 예비고사 시험에서 서울권역 진입을 1차 목표로 잡았다. 암기 과목에서 최대한 많은 점수를 올리기 위해 정리 노트를 만들어 외웠다.

하지만 본 고사까지는 도저히 준비할 시간이 없었다. 이 시기는 예비고사와 함께 본 고사까지 2차례 시험을 치러야 했다. 결국, 대학에 떨어져서 재수했다. 종합반 학원에 다닐 형편이 되지 않아 몇 과목만 단과반을 다녔다. 집에서는 공부할 수 있는 상황이 아니어서 차가운 도서관 바닥에서 자면서 재수 생활을 견뎠다. 노력이 하늘에 닿았는지 가까스로 성균관대 공대에 입학했다.

비록 학창 시절에 성적이 하위권이라도 사회생활에는 큰 문제없다는 생각이다. 즉, 학교 성적이 인생을 좌지우지 않는다는 필자의 믿음이 생긴 계기가 되었다. 공부가 인생의 전부는 아니지만, 최선의 노력을 하는 것은 중요하다고 본다.

어렵사리 대학교에 들어갔는데, 학비에 생활비까지 그저 생존을 위한 아르바이트로 눈코 뜰 새가 없었다. 그러다보니 2학년 1학기까지 대학교 평균이 겨우 2학점대로 형편없었다. 성적표를 받고 나니 또 정신이 번쩍 들었다. 생활이 어렵다는 핑계로 학업 성적이 밑바닥이면 나중에 취업마저도 힘들어진다는 불안감이 닥쳐왔다. 2학년 1학기 마치고 바로 군에 입대하기로 정했다. 군 제대 후, 인생을 어떻게 살아야 할지 고민이 많았다. 아르바이트로 생활비를 충당할지 아니면 공부에만 집중해야 할지 2가지 중 하나를 선택해야만 했다. 주위 어른들이 '공부는 반드시 때가 있다'라는 말씀에 학교 공부에 집중하기로 했다. 당시 장학금을 받지 못하면 학교에 다니지 못할 형편이었다. 그야말로 공부에만 매달려 장학금을 받아냈다. 드디어 3학년 2학기에 행운이 찾아왔다.

삼성전자에서 대여 장학생 모집을 한다고 해서 어렵사리 신청했다.

신청 조건이 3학점 이상이었는데 평균 성적이 2.9학점이었지만, 운 좋게 취업에 성공했다. 만약 제대 후 공부에 집중하지 않았더라면 삼성전자에 취업할 수 없었을 것이다. 인생 갈림길에서 당시 결정이 삶의 향배를 가르는 중요한 지점이었다. 대여 장학생은 4학년 전액 등록금과 여름방학에 인턴 수료 시 용돈까지 주었다. 더는 학비 걱정은 안 해도 됐다. 만약 공부를 미루고, 아르바이트를 그 순간 선택했다면, 과연 내 인생은 어떻게 바뀌었을까 가끔 생각해보곤 한다.

생존을 위한 포장마차 아르바이트

대학교 1학년 때, 1979년 10월 26일 박정희 대통령 시해 사건이 발생했다. 계엄령 선포로 모든 대학은 휴교하고, 전국 각지에서 학생 데모가 일어나는 등 격동의 혼란스러운 시기였다. 그러나 필자는 시국과 상관없이 생존을 위해 생활비와 학비를 벌어야 했다. 여름엔 시장 입구에서 과일 행상도 하고, 가을에는 길거리에서 오징어, 군밤, 쥐포 등을 구워서 팔다가, 겨울에는 포장마차를 했다.

2학년 1학기 마치고 군에 입대했는데, 당시 정신병을 앓고 있는 어머니와 중학생 동생을 두고 입대하는 심정은 지금 생각해도 마음 한쪽이 아파온다. 군 제대 후, 중앙대학교 앞에서 제록스로 복사하는 아르바이트를 하게 되었다. 이때 첫사랑을 만났다. 가정환경이 엉망인 상황에서 원하는 여자와 결혼하기가 사실 불가능했다. 첫사랑 여자를 집에 데리고 온 적이 있었는데 집안 형편을 보더니 결국 떠나고 말았다. 대학교 3학년 2학기에 삼성전자 대여 장학생으로 선발돼 먹고사는 걱정을 덜고 그제야 집으로 초대한 참이었다. 바로 첫사랑과 이별했다.

대학교 1학년 때 포장마차로 장사했던 이야기로 돌아간다. 겨울에 아르바이트를 무엇을 하면 좋을지 고민했다. 마침 리어카가 있으니 포장마차를 하면 좋겠다는 생각이 들었다. 리어카를 3일 동안 포장마차로 개조했다. 장사하려는 데 요리 경험이 없는 것이 문제였다. 포장마차 음식은 대부분 술안주이기 때문에 곰장어, 메추리, 참새 등은 그냥 구워 내놓으면 되지만, 초고추장을 만들고 가락국수와 어묵 국물을 우려내는 것이 문제였다. 그래서 맛있는 포장마차에 몇 번 다니면서 초고추장 만드는 비법이라는 걸 배웠다. 고추장에다 콜라를 넣으라는 것이었는데, 콜라의 단맛과 톡 쏘는 맛, 즉 맛을 내는 비결이었다.

다음 문제는 장소를 정하는 것이었다. 미아리 삼거리를 지나서 영훈 초등학교 앞에는 사람도 많이 다니고 대로변을 끼고 있어 포장마차가 촌을 이루고 있었다. 이미 포장마차가 10개 이상 밀집해서 끼어들 틈이 없어 포기했다. 결국, 고른 장소가 골목이 좀 넓고 사람들도 어느 정도 통행하는 시장 앞쪽에 자리를 정했다. 손님이 거의 없었다. 할 수 없이 영훈 초등학교 앞 포장마차 촌으로 장소를 옮겼는데, 역시나 포장마차를 놓을 틈이 보이지 않았다. 보통 포장마차는 오후 4시가 지나면서 자리를 잡기 때문에, 30분쯤 먼저 가서 제일 앞자리에 자리를 잡았다. 기존 포장마차 주인들이 가장 앞자리에 새로운 포장마차가 떡하니 자리 잡은 모습에 당장 치우라고 야단이었다. 알고 보니 모두 자리가 정해져 있었는데, 갑자기 새로운 포장마차가 가장 좋은 앞자리를 차지해버렸으니 그럴만했다.

일단 포장마차가 자리를 먼저 잡았으니 오늘만 장사하고 내일부터는 다른 곳으로 옮기라고 주변 으름장이 대단했다. 장사를 시작하고 보니, 예상외로 장사가 꽤 잘됐다. 다음 날 다시 일찍 나갔더니 깡패 같은 사람들이 몰려와서 싸움이 붙고 말았다. 경찰이 와서 대학생이 등록금 벌어보겠다고 열심히 사는데 같이 장사하라고 중재에 나섰다. 겨우 주변 상인을 설득해서 앞자리에서 장사하도록 허락받았다. 어렵게 좋은 자리를 잡은 만큼 수익도 상당히 높았다.

포장마차를 운영하면서 차별화를 위해 몇 가지 새로운 것을 시도했다. 먼저 '참새골'이라는 포장마차 상호를 최초로 만들었다. 겨울 저녁 어둑해지는 5시쯤 양념한 돼지고기를 연탄불에 올렸다. 지글지글 구워지면서 풍기는 냄새가 지나가는 사람들 시장기를 자극했다. 한마디로 냄새 마케팅이었다. 3번 이상 온 손님들에겐 안주를 하나씩 더 제공하는 지금의 마일리지 제도도 최초로 시도했다.

다른 포장마차와 요리 차별화를 위해 시도한 돌판구이가 인기를 끌었다. 음식 가격을 물어보지 않고 주문하는 돈 많은 손님에게는 더 비싸게 가격을 올려 받았다. 차별화된 장사 방식으로 손님들이 많아져서 아예 의자마저 치워버렸다. 그 결과 손님 회전율이 빨라졌다. 술 취해서 주정 부리는 사람도 없어지고 여러모로 만족스러웠다. 어느 날 외삼촌이 오셔서 '학생은 공부가 우선이다. 그저 돈 조금 버는 맛에 포장마차를 계속하면 안 된다'고 충고하셨다. 그 말씀을 받아들여 등록금과 생활비를 어느 정도 번 수준에서 포장마차는 그만뒀다.

2

인생 2막,
오직 자신을 위해
살아보자

인생 2막, 이렇게 살아본다

은퇴 후 사회로 나오니, 27년간 다녔던 삼성전자는 온실 같은 곳이었다는 사실을 깨달았다. 국내 최고 회사로서 일단 입사하면 명성과 급여 등, 중류층 이상의 삶이 보장되기 때문이다. 취업을 앞둔 청년들은 삼성전자에 들어가는 것을 가문의 영광으로 생각하듯이 회사 위상이 높아졌다. 삼성은 도덕적 잣대도 높고 일의 강도가 매우 높은 것으로 알려져 있다. 사원부터 사장까지 열심히 일해야 생존이 가능한 한국을 대표하는 조직이다.

최근에는 주 52시간 법제화로 직원들이 야근하는 일상이 많이 없어졌다. 그러나 아직도 임원들은 정해진 출퇴근 없이 회사 생활에 올인하고 있을 것이다. 업무가 끝나면 저녁에 손님들도 만나야 하고, 조직 관리도 해야 하므로 사적인 시간을 거의 만들기 힘든 것이다. 각 동문회나 친구들 모임도 나가기 힘들 정도로 바쁘게 살다 보니 회사 밖 세상이 어떻게 돌아가는지 정말 모른다. 그래서 은퇴하면 바깥세상에 적응하는 시간이 걸린다.

이런 사람들을 위해 국내 상장회사 임원 출신 위주로 가입할 수 있는 허브원(hub1)이라는 High-Level 커뮤니티를 운영하는 법인을 설립했다. 고령화 사회에 고위직 은퇴자 위주 모임을 결성하면 자연스럽게 비즈니스도 될 것으로 생각했다. 모임을 만들기 위해 서울대 최고위 과정과 미래 포럼이라는 과정에 참여하면서 다른 세상에 살던 사람들과 교류하게 되었고, 회원도 확보했다.

주변에 많은 분이 도와준 결과 6개월이 안 돼서 약 1,700명의 회원을 확보했다. 전·현직 삼성 임원 출신이 400명, 일반 기업체 임원급 이상이 400명, 교수와 변호사 등 전문직 200명과 여성회원 300명을 확보했다. 2016년 5월, K호텔 야외에서 성대하게 오픈식도 하고 매월 호텔에서 100명 이상 모임도 했다. 전문 직종별로 소규모 조직도 운영해보고, 골프, 댄스와 같은 별도 모임도 운영했다. 허브원 자선 골프대회도 개최해 모은 돈으로 불우이웃 돕기를 하는 등 보람 있는 활동도 했다.

시대를 앞서가 보자

요즘 시대가 점차 합리적으로 변화하는 부분들이 있어서 좋다. 그중의 하나가 '스몰 웨딩', 즉 간소한 작은 결혼식이 확산되고 있다. 2018년 1월, 아들 결혼식을 100석 규모로 작게 했다. 대부분 사람이 그동안 낸 축의금이 엄청날 텐데, 괜찮겠냐는 질문도 있었다. 하객 입장에서 생각하면 아무리 지인이라고 해도 남의 자식 결혼하는 데 시간 쓰고, 축의금도 내야 하고, 더군다나 토요일이나 일요일 점심과 같은 황금시간대에 결혼식이 있으면 좀 난감하다. 여러 가지 사정에 따라 정했겠지만, 타인에 대한 배려도 생각해볼 사안이다.

하객 수가 많다 보면 소위 말해서 눈도장만 찍고 바로 식당으로 가서 식사하는 분들이 많아진다. 그리고 또 금방 다른 결혼식장으로 가는 게 결혼 철에 흔히 보는 광경이다. 이런 점이 너무 싫었다. 금요일 저녁에 신랑 측 50명, 신부 측 50명, 기타 10명으로 총 11개 테이블이 있는 스몰 웨딩으로 진행했다. 스몰 웨딩은 장점이 많다. 먼저 음식 수준이 좋아진다. 하객 수가 많으면 전날 음식을 잔뜩 만든 후, 결혼 당일 잠깐 데워서 나온다. 아무리 비싼 음식도 신선함을 유지하기가 어렵다. 소수의 하객이기 때문에 좋은 와인도 선택할 수 있었고 가까운 분들만 초대해서 진심으로 축하해주는 축제 분위기의 결혼식이 가능하다. 결혼 예복도 구매하지 않고, 평소에 입었던 재킷과 구두를 신고 결혼식에 참석했다. 주례 없이 부모들이 자식들에게 살아가는 데 당부의 말을 한 것으로 식을 끝냈다.

스몰 웨딩의 유일한 단점은 좌석 수에 의해 친척들을 가족당 한 분 씩만 초대하게 되어 생긴 불만이었다. 그래서 결혼식 끝나고 별도로 날짜를 잡아 음식 대접으로 양해를 구했다. 인생에서 가장 중대한 날, 많은 사람으로부터 축하받고 평생을 함께하겠다는 서약을 맹세하는 의식도 좋다고 생각한다. 다만 간소한 결혼식으로 진행해 불필요한 절차를 줄이면 좋겠다. 진행 비용을 절약하는 등 많은 장점으로 스몰 웨딩은 점점 확산할 것으로 예상한다. 더 나아가서는 가족 결혼식이 확산될 것이다.

자기만의 '버킷리스트'를 만들어 시도한다

은퇴한 사람들이 모이면, "벌어놓은 돈 다 쓰고 죽자"는 말을 많이 한다. 사실 실행하는 사람은 거의 없다. 가장 큰 이유는 은퇴 후, 수입 없이 벌어놓은 돈을 쓰기만 하니 노후 생활 질이 떨어질 우려 때문일 것이다. 그리고 50·60세대들은 근검절약이 몸에 배어서 자기를 위해서 돈을 쓸 줄 모른다. 은퇴 후에는 유행하는 옷을 사 입을 필요성도 못 느끼고, 새 옷은 왠지 불편하다고 한다.

실례로 사업을 나름 크게 하는 선배분이 자신도 옷을 잘 입고 다녔으면 좋겠다고 옷 사러 갈 때 함께 가자고 몇 번 요청했었다. 나는 백화점 남성복 판매장에서 선배에게 잘 어울릴 만한 옷을 추천했다. 입어본

옷들이 맘에 드는 눈치라 백화점 할인 카드도 있고 할인 판매도 하니 옷을 사라고 했다. 그러자 다음에 아내와 함께 와서 상의해 사겠다고 대답하는 것이다. 더는 권하지 못했다.

식사도 가정식에 익숙하고, 먹던 음식만 먹다 보니 돈 쓸 일이 없다. 은퇴 후 해외여행도 다니지만, 체력이 점차 떨어져 멀리 여행 나가기조차 힘들어진다. 현실이 이렇다 보니, 벌어놓은 돈은 쓰지도 못하고 늙어간다. 결국, 요양병원에 들어가면 인생이 끝나감을 후회한다. 재산이 많이 남으면 자식 간에 상속 다툼으로 원수가 되는 일도 비일비재하다. 따라서 우선 본인이 하고 싶을 것을 은퇴 후에 하나씩 이루어보는 것이 좋다.

보통 남성들 버킷리스트 중 하나를 꼽으라면, 드림카를 가지는 것일 것이다. 회사 다닐 때는 좋은 차를 살 여력이 있다고 해도 남들 시선 때문에 살 수 없었다. 또한, 중소·중견 대표들은 좋은 차를 타고 싶어도, 자칫 이익이 많이 남으니까 좋은 차 타고 다닌다는 뒷말이 돌까 봐 비즈니스 할 때는 국산 차를 타고 다니는 경우가 많다. 물론 좋은 차를 몇 대씩 소유하고 있는 사람들도 있다.

필자는 독일 차를 꼭 타고 싶었다. 미국에서 9개월간 있을 때였다. 회사에서 차량비용으로 나온 돈에 더해서 독일 차를 사려고 했다. 회사 선배들이 독일 차는 회장님이 타는 차라서 사장들도 눈치가 보여서 못 타는 실정이라고 말렸다. 회사에서 지원해준 돈으로 산다면, 진급 등 여러 가지로 불이익을 받을 수도 있을 것이라는 조언으로 결국 일본 차를

리스했다. 2012년 말 퇴사하고 차를 살 때 독일 차를 사려고 했다. 일본 자동차가 가성비도 좋고, 전문가에 어울리는 차라고 추천해서 샀었다. 쭉 6년을 타다 보니 차를 바꿔야겠다는 생각이 들어서 드디어 독일 차를 구매했다. 나이가 60이 되다 보니 6이라는 숫자가 붙은 독일 차 63 amg를 샀다. 차 가격만 억대가 넘다 보니 선뜻 구매하기 망설여졌다. 하지만 살면서 좋아하는 차를 타보는 것도 의미가 있겠다 싶었다. 비싼 차인 만큼 주관적인 만족을 위해 많은 돈을 들여 가격 대비 만족도가 높은 소비를 한 셈이다. 비싼 차가 주는 성능적인 만족감과 차별화가 주는 만족감이 더해져 주변 사람들에게 권해보았지만, 사는 사람들은 거의 없었다.

사회 환원이 인생 2막에 가치를 만든다

은퇴하면 꼭 하고 싶었던 것이 책 출간이었다. 신문에 1년 반 정도 매주 IT 관련 칼럼을 쓰게 되었는데, 막상 책을 쓰려고 하니 두려움이 앞섰다. 아마도 책을 처음 쓰는 모든 작가가 가져본 느낌일 것이다. 책이라는 게 내 지식과 지혜를 독자들과 공유하는 것인데, 책 내용이 부실하면 독자들 돈과 시간을 축내고, 자연도 훼손하는 일이 된다.

필자가 생각하는 좋은 책이란, 작가의 혼이 깃든 엄청난 시간을 투자해 지식을 바탕으로 한 자신의 주장을 독자들이 이해하기 쉬운 문체로 써내려가는 것이다. 단 한 권을 집필해도 이런 책은 독자들에게 감동을 주고 사회가 발전하는 데 일조하겠지만, 그저 마케팅 차원에서, 돈벌이를 위해서 쓰는 책들도 많은 것이 현실이다.

2016년 《4차 산업혁명 앞으로 5년》이라는 제목으로 책을 집필 중이었는데, 일본인 삼성전자 상무가 4차 산업혁명 관련 책을 공저로 먼저 출간했다. 일본인 상무가 쓴 책보다 내가 쓴 책이 독자들로부터 공감대를 얻지 못할 경우, 참으로 난감하게 될 것 같아 책을 잘 써야 한다는 중압감이 있었다. 다행히도 책은 서로 다른 방향이었고 책 내용도 비교해 보니 나쁘지 않았다.

처음 책을 출간하면 많이 팔아야 한다는 중압감에 지인들에게 책 좀 사 달라고 하게 되었다. 지인 중 한 분이 제발 책 좀 그만 쓰라는 애교 섞인 핀잔을 하기도 했다. 책 판매 인쇄는 모두 사회 환원하겠다고 마음 먹었기 때문에 출판 기념회도 하지 않았다. 운 좋게도 시류를 잘 탄 덕분에 8쇄까지 판매된 인세와 그로 인한 2017년 강의료 수천만 원 수익 전액을 모교인 성균관 대학교에 발전기금으로 기부했다. 정보통신을 전공한 대학생들에게 장학금으로 전달했다.

태어나서 무언가 하나는 남기고 떠나야 한다는 생각을 항상 가지고 있다. 필자의 목표는 장학재단을 만드는 것이다. 요즘 부유층들은 재산을 자식들에게 증여하려고 노력하고 있지만, 필자 생각은 다르다. 아들은 소프트웨어 엔지니어로서 자기 일에 자부심을 느끼고 열심히 살고 있다. 딸은 피아노 교습으로 경제활동을 함께하며 대학원 공부도 열심이다. 그저 대견스러울 뿐이다. 물론 죽을 때 남는 재산이야 자연스럽게 상속되겠지만, 어느 정도 남는 재산 중 일부는 장학재단 설립에 쓸 계획이다. 2018년에 친척 동생이 부도 위기에 몰려 도와준다는 생각으로 매입한 공장을 나중에 장학재단을 설립하는 모태로 이용할 수 있을 것 같다.

지금 성균관대 정보통신대학 2학년 중에서 전 학기대비 가장 성적이 많이 오른 학생을 대상으로 매년 2명에게 장학금 혜택을 주고 있는데 점차 다른 학교, 학과까지 확대할 생각이다. 공장 임대수입으로 장학금을 지급한다면 꽤 오랫동안 장학재단을 운영할 수 있을 것이다. 몇 명에게 혜택을 줄 수 있을지 모르겠지만, 1년에 약 40명 정도를 목표로 하고 싶다. 우리나라 미래를 이끌 인재를 발굴한다는 뜻으로 우주, 바이오, IT, 전통예술, ART 분야 학생들에게 지급하면 좋겠지만, 구체적인 사항은 재단 설립 시 정하게 될 것이다. 장학금을 받은 학생들이 자신이 받은 것 이상으로 사회에 돌려주면 좋겠다는 취지다.

건강한 삶이 성공 인생을 마감한다

모든 사람이 건강하게 살다가 어느 정도 삶을 정리할 시간을 가진 후 죽음을 맞이하면 좋겠다. 죽음이란 누구도 장담할 수 없다. 2019년

통계청 자료를 보면 한국인들은 17~18개월을 병상에서 보내다가 생을 마감한다고 한다. 병상에 있는 자신뿐만 아니라 가족 그리고 사회적인 비용도 심각할 것이다.

요즘 방송을 보면 맛있게 먹는 프로그램과 다이어트 프로그램이 상당히 많이 나온다. 시청자 관점에서 보면 헷갈린다. 건강 상식과 다이어트 방법이 방영될 때면 과연 효과가 있는지도 의문이다. 상업적으로 이용하는 것임을 그대로 느낄 수 있다. 건강한 삶을 유지하는 비결은 결국에는 잘 먹는 것과 운동일 것임이 분명하다.

은퇴 직후에는 등산을 자주 다녀서인지 건강하다고 자부했다. 어느새인가 등산 횟수가 줄고, 과식과 과음으로 몸 상태가 좋지 않음을 느낄 때쯤인 2018년 여름, 대상포진에 걸렸다. 그리고 허리통증으로 약 1년간 병원에 다니며 침을 맞고, 물리치료도 해보았지만 별 차도가 없었다. 허리통증이 심해지니 좋아하는 골프는 물론, 운동도 못 하게 되자 체중은 늘었다. 삶의 질과 의욕이 떨어짐을 온몸으로 느끼게 되었다. 이때는 땀을 흠뻑 흘리는 운동을 하는 것이 가장 큰 희망이었다. 건강이 행복인 것을, 건강할 땐 그것을 모르고 또 다른 곳에서 행복을 찾는 게 우리의 모습인 것 같다.

면역력 강화를 위해 아침은 채소와 과일, 단백질을 먹고 10시부터 4시까지 책을 보거나 볼일을 본 후, 4시부터는 운동을 한다. 모 방송을 보니 암보다 더 무서운 것이 심혈관 질병인데, 중풍과 같은 질병은 의식은 있지만, 몸을 움직일 수 없어서 병간호하는 사람이 대소변 받아내는 것은 물론 욕창을 방지하기 위해 2시간마다 몸을 뒤집어줘야 한다는 것이다. 우리나라에는 약 2만 명이 환자가 욕창으로 끔찍한 고통 속에 있다고 한다.

심혈관 질환을 방지하기 위해서는 하루 평균 8,000보 이상 걸어야 한다는 정보를 접한 후 매일 10,000보 걷는 것을 생활화하고 있다. 다른 사람들에겐 닐리리 맘보 노래한다고 하는데, 속뜻은 일일 만보를 걷는다고 하면 금방 알아챈다. 저녁 약속 장소까지 걷기도 하고, 여의치 않을 땐 약속 전, 후에 근력운동을 매일 한다. 몸에 좋은 것을 먹고, 매일 하는 운동을 가장 우선시한다. 때에 맞게 예방주사도 맞고, 건강을 점검해서 필요한 영양제나 치료제도 챙겨 먹는 중이다. 건강한 삶을 위해 노력 중이지만, 누구도 피할 수 없는 죽음을 어떻게 맞이할 것이냐 또한 중요한 문제다. 건강하게 죽기 위해 매일 운동하는 등 노력하는 것이다.

3

초고령화 시대에
인생 3막 설계가
달라야 한다

삶의 목표가 성공인가 고민한다

27년간 회사생활은 '나'라는 존재감을 잊고 살았던 시기다. 직장생활을 그나마 소신이 있게 해왔던 것은 나 자신보다 가족과 회사, 더 나아가서는 국가 발전이 곧 나의 발전이라고 생각했기 때문이다. 따라서 지금까지 살아온 삶에 대해 후회는 없다.

'남은 삶을 어떻게 살아야 할까.' 대부분의 은퇴자가 고민한다. 은퇴자들 환경이 모두 다르기에 한마디로 정리하기 어렵다. 다만 앞으로의 여생을 자기가 하고 싶은 일을 하시라고 말하고 싶다. 노후를 맞는 사람을 분류하면 첫째로 돈이 없어 생계 자체가 불안한 사람들, 둘째로 생활 가능한 정도의 돈을 모은 사람들, 셋째로 돈 걱정 없으나 여생을 보낼 계획이 없는 사람들, 이렇게 구분될 것이다. 은퇴 후 선배들도 만나보고, 모임도 다녀보고, 여행도 가보고, 혼자 등산도 해보며 고민한 결과, 한 가지 결론에 다다랐다. 앞으로는 남을 위해 사는 삶이 아닌, 나를 위해 사는 것이 후회하지 않는 삶이 될 것이라는 결정을 내렸다.

자신을 위해 산다는 의미는 사람마다 다르다. 남을 위해 오롯이 봉사하는 삶이 그 의미가 될 수 있다. 새로운 것을 배우는 삶, 가보지 못한 곳을 여행하는 삶, 그간 힘들게 일했으니 좀 편하게 살고 싶은 삶 등 다양할 것이다. 타인의 시선이나 평가에 연연하지 말아야 한다는 사실이 중요하다. 결국에는 각자가 앞으로 어떻게 사는 게 가장 가치 있는 삶인가를 생각하자.

2019년 여름, 어느 모임에 갔을 때 새울전통타악진흥회 김 회장의 연주를 들었다. 한국 최고의 북쟁이로 유명한 김 회장 연주에 깊은 감명을 받았다. 그는 어려서부터 선친으로부터 창을 배웠는데 너무 어려워 북 치는 것으로 전공을 바꿨다고 한다. 평생 북을 쳐서 그런지 거의 신의 경지에 다다른 느낌으로 연주하는데 참 멋있었다. 6번째 품바 주인공을 하는 등 다양한 무대 경험으로 관객을 들었다 놨다 하는 모양새도 고수였다.

창을 하신 선친이 손수 작사, 작곡한 창을 불러주었다. 가사 내용이 좋아서 일부를 소개한다. "어와 세상 벗님네들 인생이 비록 백 년을 산다고 해도 인수순약(人壽瞬若) 격석화(擊石火)요 공수래공수거를 짐작하시는 이가 몇몇이고" 여기 인수순약(人壽瞬若) 격석화(擊石火) 뜻은, '인생은 부싯돌 불꽃과 같이 짧다는 의미로 찰나의 인생을 영원히 살 것처럼 욕심부리고 사느냐'라는 의미다.

우리나라 창 가사 대부분이 한자와 혼재되어서 창을 하는 사람들이 뜻을 정확히 모르는 경우가 있다고 한다. 그런 상태에서 구전으로만 창이 전수되다 보니, 원래 가사가 훼손되는 경우가 많다는 것이다. 나 역시 인생은 일장춘몽이라는 것을 깨닫고, 은퇴 후에 욕심내지 말자는 생각을 다지게 되었다.

은퇴하면 이런 노후를 보내고 싶지 않다

2019년 8월, KBS에서 방송된 〈은퇴 후 집〉이라는 주제로 방영된 르포를 본 적이 있다. 방송 주제가 '평생 모은 재산이 집 한 채만 있는데, 은퇴 후 어떻게 사는 게 좋을까?'라는 것이었다. 교직에 있었던 65세 은퇴자의 실제 사례를 다루었다. 서울에 있는 본인 아파트를 팔아서 자식의 전세자금을 대주었다. 남은 돈으로 지방에 내려가 사는 은퇴 부부 이야기다. 부인은 맞벌이하는 아들의 3살짜리 손자 자식을 봐주기 위해 평일에는 서울로 올라가 손자를 봐주고 주말에만 지방에 있는 집으로 내려왔다. 부인은 남편을 위해 일주일 분의 음식을 만들어 냉장고에 넣어두고 일요일 저녁에 서울로 가는 게 일상이 됐다.

남편은 부족한 노후 생활비를 충당하기 위해 화물차 배송 일을 열심히 한다. 인생 1막 시절, 존경받는 교장이라는 직책을 완전히 내려놓았다. 작은 화물트럭을 운전하면서 환하게 웃는 모습을 지었다. "앞으로 10년 정도는 더 일하겠다"라는 말을 남기고 방송이 끝났다. 50·60세대 아버지들은 자신 하나 희생해서 자식들이 행복하게 잘사는 것을 인생의 최대 가치로 살아왔다. 방송이 끝나고 알 수 없는 여러 감정이 교차했다.

50·60세대가 자랄 때는 부모에게 효도하는 게 최고 덕목이었다. 젊은 시절에는 자식에게 더는 가난을 대물림하지 않게 하겠다는 신념으로 치열한 경쟁을 치른 세대다. 그러나 지금은 30년 전과는 전혀 다르게 변했다. 요즘 청년 중에는 어린 시절 아버지를 집에서 마주할 시간이 거의 없어서 가끔 전화로 안부 인사나 하고 기념일 정도 챙기면 효도라고 생각하는 것 같다. 50·60세대는 부모가 연로해 돌아가시기 전까지 집에 모셔야 자식 도리를 지킨다고 생각했다. 지금은 어떤가? 대부분 요양병원에 보내고, 가끔 들여다 보면 된다고 생각한다.

TV 방송에 나오는 은퇴자들을 보면 참으로 안쓰럽다. 어렸을 땐 가난했고, 젊어서는 부모들 병시중을 다 들었다. 은퇴해서는 자식들 뒷바라지에 손자까지 키우는 무한 책임의 세대가 된 것이다. 가슴 한편이 답답해져온다.

지금 젊은 부부 세대는 맞벌이해야 겨우 먹고살 수 있는 치열한 경쟁 속에 살고 있다. 부모를 집에서 모시기 힘든 형편이다. 부모가 연로해 병이 들면 요양병원으로 모실 수밖에 없는 것이다. 이렇듯 자기들 먹고살기도 여유롭지 않은 게 현실이다. 따라서 현재는 부모들 노후는 부모 스스로가 책임져야 한다. 자식을 위해 집 팔고, 손자 봐주다 보면 막상 자신의 노후는 비참해질 수 있음을 깨달아야 하는 시대다. 자식들이 편하게 사는 모습이 좋겠다고 생각하겠지만, 최소한 자신의 노후를 책임질 수 있는 재산은 갖고 있어야 한다.

젊은 사람들은 스스로 살아갈 기회가 많이 있지만, 부모들은 더는 돈을 벌 기회가 없다. 재산 대부분을 자식들에게 그냥 넘겨주면 안 된다. 미국과 같은 선진국처럼 자식들에게 고등학교 또는 대학교 정도만 지원해주고 본인들 스스로 살아가게 한다. 이것이 모두가 사는 길이다.

요즘 은퇴한 동료나 선·후배들과 이야기를 나눠보면, 참으로 불쌍한 남편들이 많다. 58년 개띠는 고도 압축 성장시대에 동갑내기 숫자가 가장 많았을 때다. 가장 인원이 많은 만큼 대한민국 대표 나이라고 평가한다. 58년 개띠는 베이비 붐 세대 중심으로 2018년 신생아 수 32만 명에 2~3배가 넘는 공식적으로는 80만 명, 비공식으로 100만 명이 태어났다. 경쟁이 치열할 수밖에 없었다. 58년생들은 고등학교까지 추첨으로 학교를 배정받았으나, 57년생 이전 사람들은 중학교, 고등학교, 대학교 들어갈 때 치열한 입시지옥을 거쳐야 했다.

사회에서 대접받으려면 최소한 대학을 나와야 했고, SKY 명문대를 나와야 출세가 보장되었던 시기였다. 다행히 대학 졸업 당시 국가나 기업들이 고도성장 시기라서 우수한 대학 출신뿐만 아니라, 일반 대학을 졸업한 청년들 대부분 취업이 되었던 시대였다. 당시 대학 졸업자 수 자체가 부족하다 보니 수요를 못 쫓아간 부분도 일조했다. 그러다 보니 지방을 대표하는 명문 대학교에도 우수한 학생들이 꽤 몰려 입학했다. 지금은 우수한 학생들이 서울로 집중하는 현상이 생겼다. 자연히 지방 명문대들 위상이 추락하고 있다. 결국, 성공이라는 사다리가 서울, SKY, 대기업으로 만들어졌다.

50·60세대는 부모 세대의 가난을 대물림하지 않고, 가난하게 살아온 부모님들 은혜를 갚기 위해 온 힘을 다해 일했다. 죽음을 무릅쓰고 젊은 나이에 월남전에 참여했었고, 중동 건설 붐에 한 푼이라도 더 벌어 잘살기 위해 사랑하는 가족들과도 생이별을 마다하지 않았던 세대다.

여성들도 당시 여성 일자리가 거의 없었기 때문에 가사와 육아를 도맡았다. 세 끼 먹는 것에 감사하며 엄동설한에 냇가에 가서 얼음 깨고 언 손을 입김으로 녹여가면서 가족들 빨래를 했다. 또한, 추운 겨울에도 방에 불도 지피지도 못할 형편이었다. 재래식 부엌에서 매 끼니를 지어서 남편과 자식들을 위해 방으로 밥상을 날랐다. 여성 대부분이 가정주부로 일하다 보니 사회에서 여성의 지위를 찾는다는 것은 어려운 일이었다. 그렇게 70년대를 거쳐 80년대가 되면서 아파트 시대가 열렸고, 주거환경이 획기적으로 좋아졌다. 가전기기 보급도 급격히 늘어나면서 여성들의 가사 노동시간이 획기적으로 줄었다. 한마디로, 먹고살 만하고 생활도 윤택해졌다. 이때부터 여성들이 여성 상위 시대에 목소리를 높였다. 여권 신장이 급격하게 높아졌다.

당시 드라마 연속극이 여성 지위가 높이는 데 결정적인 역할을 했다고 생각한다. 80년대 컬러 TV가 본격적으로 보급된 시절에 가장 유명했던 여성 방송 작가가 그 중심에 있었다. 남편들은 밖에서 경쟁하느라 정신없는 사이 여성들의 지적 수준이 높아졌고, 경제권마저 주도하면서 치맛바람이 부동산뿐만 아니라 학교까지 장악해버렸다. 남편들은 가족들과 시간을 못 보낸 것을 미안하게 생각해서 대부분 경제권을 아내들에게 넘겨준 것이었다. 그러다 보니 남편들이 은퇴하고 가정에 돌아왔을 때 가장, 남편, 아버지 위상이 생각하곤 완전히 다른 상황에 놓이게 되었다.

은퇴 후 삼시 세끼 집밥 먹는 남편들을 '삼식이'라고 깎아내리는 신조어가 은퇴한 남편들을 서글프게 만든다. 그도 그럴 것이 남편이 회사 다닐 때 새벽에 나가서 저녁까지 먹고 들어오니 모든 일상 시간이 주부들 차지였는데, 갑자기 밥을 해줘야 하는 남편이 집에 있으니 그간 정착된 일상이 무너졌기 때문일 것이다. 거기다가 돈을 벌어왔던 시기에는 남편이 잔소리를 해도 참고 넘어갔지만, 은퇴한 남편이 사사건건 잔소리까지 하면 짜증이 나는 것이다. 물론 모든 가정이 다 그렇지는 않지만, 그래도 남자의 입장에서 보면 억울한 것이다. 자식들에게도 은퇴 전에는 가끔 보는 자식들에게 좋은 말보다는 왜 공부를 안 하냐는 부정적인 말을 많이 하다 보니, 자식들 마음에 아버지는 단지 돈 벌어오는 사람이고, 잔소리하는 사람으로 각인이 되었다. 반면에 잔소리는 하지만, 밥 먹는 것, 용돈 주는 것, 과외공부 시키는 것 등 학창 시절 모든 뒷바라지를 하다 보니 어머니에겐 뭔가 빚진 느낌이 들 것이다.

이어령 교수가 쓴 〈아버지는 손님〉은 힘없는 아버지에 대한 슬픈 이야기를 담았다. 유학 간 아들이 어머니와는 매일 전화로 소식을 주고받으면서 아버지와는 늘 무심하게 지냈다. 어느 날, 아들은 문득 이런 생각이 들었다. '아버지가 열심히 일해서 내가 이렇게 유학까지 왔는데, 아버지께 제대로 감사해본 적이 없었다. 어머니만 부모 같았지, 아버지는 손님 같았다'고, 아들은 후회하면서 오늘은 아버지에게 위로와 감사의 말씀을 전해야겠다는 생각으로 집으로 전화했다. 마침 아버지가 받았는데, 받자마자 "엄마 바꿔줄게"라고 했다고 한다. 항상 전화하면 교환수 노릇만 했으니 당연한 반응이었다. 그래서 아들이 "아니, 아버지와 통화하려고" 했더니, 아버지가 "왜 돈 떨어졌냐?"고 물었다. 아버지도 역시 아들 돈 주는 사람에 불과했다. 아들이 아버지께 큰 은혜를 받고 살면서도 너무 불효한 것 같아서 아버지와 이런저런 말씀을 나누고 싶다고 했더니 아버지가 잠시 있다 하시는 말씀이 "너 술 마셨냐?"고 하더라는 이야기다. 참으로 웃기면서 슬픈, 웃픈 이야기가 아닐 수 없다.

우리나라 은퇴한 남자들이 불쌍하다는 이유는 무엇인가? 평생 돈 벌어왔는데, 그동안 번 돈을 부인에게 모두 맡기다 보니 용돈을 타서 쓰는 남편들이 참 많다. 그래서 은퇴한 남자들끼리 모이면, 비자금 확보했냐고 서로 물어보고, 조금 비자금을 가진 사람은 영웅이나 되는 것처럼 자랑하는데 참 그렇다. 그래서 부인에게서 경제권을 가져오라고 하면 절대 안 준다는 것이다. 당연히 돈을 벌어온 사람이 돈 관리를 하고, 배우자가 필요할 때 생활비나 용돈을 타 쓰게 해야 가장의 위상이 서는데,

대부분 월급쟁이 출신들이 이런 경우가 많다.

반면에 사업하는 남편들은 사업상 항상 자금이 필요하다 보니 남자가 돈 관리한다. 일정하게 돈이 들어오지 않아서 부인들이 남편에게 잘할 수밖에 없는 구조다.

워라벨은 은퇴 후에 즐겨도 늦지 않아

필자가 스물일곱 나이에 회사에 들어가서 27년간 회사 생활을 투쟁적으로 해온 이유가 무엇인가. 은퇴 후에 여유로운 생활과 청년 시절에 해보지 못한 것을 해보기 위함이 아닐까. 젊은 청춘 때 죽어라고 일만 했기에 회사나 가족들에게 내 의무는 다했다는 생각이다. 회사 다닐 때는 평균 12시간 이상 일을 하다 보니 나를 위한 시간이 없었다. 은퇴하고 보니 24시간을 오로지 나 자신을 위해 쓸 수 있는 축복을 받았다. 직장생활을 할 때는 내 모든 시간을 조직 생활에 맞췄다. 지금은 나 자신을 위해 쓸 수 있는 시간의 자유를 얻은 것이다. 시간은 유한하므로 낭비하면 안 된다. 뭔가 가치 있는 곳에 사용해야 한다는 생각이다.

은퇴 직후에는 국내와 해외여행도 다니고 골프도 하고 건강을 위해 산에도 많이 갔었다. 그러다가 내가 가지고 있는 지식을 공유하기 위해 신문사에 1년 6개월간 거의 매주 정보통신 관련 칼럼을 썼다. 이 칼럼을 모아서 4차 산업혁명 관련 책을 출간해 국내 주요 기업체나 대학교 등에서 100회 이상 강연을 다녔다. 특히 지방 강연 같은 경우는 회사 다닐 때 출장 가는 기분으로 참 행복했다. 강연했을 때 청중들 반응이 대부분 좋아 나름 보람도 느꼈다.

비록 실패했지만 조그만 회사에 투자도 해보고 컨설팅도 해봤다. 허브원(hub1)이라는 상위레벨 커뮤니티 법인을 설립해 화려하게 호텔 야외 무대에서 음악 밴드를 불러서 오픈식도 열었다. 대학교에 동문회장으로 재학생들과 교류도 하고 입학식과 졸업식 때 선배로서 축사하고 악수하고 단체 사진을 찍을 때는 행복감도 느꼈다. 스승의 날 꼭 찾아와서 멘토라고 카네이션을 전달해주는 직장 후배도 있고, 기획팀 후배들과 분기별로 한 번씩 만나서 저녁 먹는 즐거움이 소중하다.

이경주 장학생들에게 장학금도 줄 수 있고, 같이 식사하면서 훌륭한 인재로 클 수 있도록 멘토 역할 하는 것도 참 좋다. 그간 못 만났던 중학교, 고등학교, 대학교 친구들과 가끔 만나서 사는 이야기하는 소소한 행복이 그저 흐뭇하다. 가족들과 기념일에 좋은 곳에서 식사를 같이하면서 자식들 살아가는 데 고충도 들어보고 아버지 이전에 인생 선배로서 자식들 미래에 관한 이야기를 하는 것도 소중하다. 맘에 드는 옷이 있으면 사 입고 좋은 사람들과 만남도 참 소중하다.

몸이 좀 안 좋으면 병원에 가서 치료도 하고 자기를 위해서 성형도 하고 운동도 하는 모든 일상이 정신적·육체적 워라벨이라고 생각한다. 만약에 인생 1막을 대충 살아서 인생 2막 생활이 빠듯하거나 살기가 어렵다면 이러한 인생의 달콤함을 느낄 수 있었을까? 앞으로 30년 이상 산다면 젊은 시절의 고생과 노력은 충분히 보상받는 것 아닐까? 이 모든 것은 여러분이 선택해야 할 몫이다.

인생 3막이란 나에게 무엇인가

인생 1막은 태어나서 배우고 일하는 60세까지다. 2막은 은퇴 후 90세까지, 3막은 남은 삶을 정리하는 시기일 것이다. 회사 시절에는 임원되는 것과 비서실 근무를 목표로 달렸다. 그리고 달성했다. 임원으로 위촉된 후 '100, 100, 30'이라는 목표를 설정했다. 첫 번째 100은 내 부하직원 중 100명을 임원으로 만들겠다는 것이다. 100명의 임원을 만드는 것은 사장이 되어야 달성할 수 있는 목표였다. 그러나 중도에 사표 쓰고나왔기 때문에 임원 6명밖에 못 만들었다.

두 번째 100명은 지인들에게 한번 모이자고 했을 때 100명을 참석시키는 것이었다. 이 목표를 달성하려면 지인들 1,000명 정도는 친분을맺고 있어야 한다. 어렵지만, 은퇴 후 허브원이라는 하이레벨 커뮤니티를 만들어 회원 수 1,700명을 모았으니 어느 정도 이룬 것 같다. 나머지 30은 삼성에서 30년 근무하겠다는 것이었다.

2019년 만 60세가 되면서 인생 2막에 대한 '100, 100, 30'이라는 목표를 다시 수정했다. 내 인생 2막 목표를 만나는 많은 사람에게 자신 있게 이야기한다. 듣는 사람들에 따라서는 나이 60이 넘어서 목표를 세운다고 잘 되겠냐는 생각을 할 수 있지만, 만나는 사람들에게 목표 이야기하는 이유는 목표를 항상 생각하고 이루겠다는 마음을 다지기 위함이다. 그러므로 도와달라는 의미도 담겨 있다.

'100, 100, 30'이라는 목표를 설명하면, 첫 번째 100이라는 숫자는 내가 도와주거나 투자해서 100명의 C.E.O.를 만들겠다는 의미다. 청년과 은퇴한 사람들과 결합한 회사를 100개를 만들겠다는 것이다. 그리고 두 번째 100은, 100개의 회사의 사무실 100개를 의미인데, 잘 된다면 1층에 1개 회사씩 100층짜리 건물을 가지겠다는 것이다. 이러한 목표를 30년 동안 만들어보겠다는 것이다. 100과 100을 곱해서 10,000개 이상 일자리를 만들겠다는 뜻도 포함되어 있다.

건강이 유지되는 한 90세까지는 가치 있는 일을 하고 싶다. 이런 꿈을 이루려면 노후자금이 충분해야 한다. 그래서 증여보다는 상속을 생각하고 있다. 50·60세대 중 재산을 보유한 사람들 대부분이 모이기만 하면 자식들에게는 세금을 적게 내면서 증여 잘하는 방법에 대한 노하우를 공유하는 게 일상이다. 여유 있는 부모들은 자식들에게 증여도 하고, 용돈도 주고, 하물며 손자들 학원비나 옷가지들을 사준다고 한다. 자식들이 버는 돈은 부모에게 용돈도 줄 필요가 없어서인지 모두 자신들을 위해서 쓴다. 부모들은 요즘 집값이 천정부지로 올라가다 보니 자식들에게 돈 모아서 집 장만하라고 지원해준다는 것이다. 그러나 증여에 대해서는 좀 생각해볼 문제다.

50·60세대들은 월급 타면 부모 생활비와 용돈도 드려야 했다. 자식들 공부시키고 남는 돈을 저축해 집 장만도 했다. 반면에 지금 청년들은 직장만 구하면 어느 정도 자리를 잡을 수 있다. 기성세대보다 훨씬 잘살 수 있는 구조인데 부모들이 증여까지 해줘야 하나라는 생각이다. 자식들이 고기 잡는 법을 알고 있는데, 결혼할 때 냉장고에 생선까지 얼려서 채워줘야 할 필요성을 느끼지 못한다. 젊어서 고생은 사서도 한다는데, 결혼 시작부터 호화롭게 하는 게 과연 살아가는 데 도움이 될지 의문이다. 요즘 청년들이 결혼한다면 정부에서 저금리로 집 장만 대출도 해주고, 회사에서도 대출해주기 때문에 굳이 부모들이 증여해줄 필요가 없다는 생각이다. 자신들이 힘들게 번 돈으로 집 장만 등을 해야 살아가는 맛을 느낄 수 있을 것이다.

부모로서도 생각해보면, 100세 이상 초고령화 시대에 최소한 자기가 먹고살 염려는 없어야겠다. 아플 때 병원비나 간병 비용정도 자신이 책임져야 한다. 그래서 사전 증여를 반대하는 것이다. 나이가 들어서 요양병원에서 남은 생을 살 때 돈 없으면 엄청난 서러움을 느끼게 될지도 모른다. 최소한 내 자존감을 지키려면 돈이 있어야 한다. 증여로 자식들에게 돈을 다 넘겨주면, 자식들은 그저 집이나 차 산다고 돈을 다 써버려서 부모를 위해 충분한 병간호 비용을 줄 수 없을 것이다. 만약, 증여해준 돈을 갚으라고 한다면, 발길을 끊어버릴 자식들도 있을 것이다. 국가 차원에서도 부모들 노후자금은 스스로 해결할 수 있도록 해야 국가 세금을 아낄 수 있을 것이다. 그래서 증여하지 말고 죽을 때 남은 돈으로 상속하라는 것이다.

4차 산업혁명 보고서 #4 ────────

10. 노화 방지 텔로미어

우리 몸은 약 100조 개의 세포로 구성되어 있다. 각각의 체세포 끝에 텔로미어(Telomere)가 붙어 있다. 인체 세포는 약 100번 정도 분열하면 생명을 다한다. 각 세포 분열은 피부가 가장 짧은데 약 4주, 혈액은 약 4개월, 간은 1~2년, 모발은 3~8년, 뼈는 10~15년 정도이나, 뇌, 심장, 안구 세포는 성장이 멈추면 다시는 증식되지 않는다. 노안이나 알츠하이머 질병이 오는 이유다.

텔로미어는 그리스어로 끝(텔로스)과 부분(멜로스)의 합성어이다. 세포가 분열할 때 염색체를 복제하는 것을 돕는 역할을 한다. 1970년대에는 세포 분열을 할 때마다 텔로미어 길이가 점차 짧아진다는 사실을 알아냈다. 2000년대 와서는 텔로미어가 노화와 수명에 밀접한 관련이 있다는 사실을 알아냈다. 텔로미어는 세포가 분열할 때마다 조금씩 짧아지다가 텔로미어가 다 없어지면 세포는 흔적만 남기고 죽는 것을 밝혀냈다.

아직 정확한 원인은 모르지만, 인간 나이가 35세 전까지는 텔로미어가 짧아지지 않고 있다가 35세가 넘으면 텔로미어 활동이 정지된다고 한다. 텔로미어가 긴 사람은 짧은 사람에 비해 수명이 길다는 것이다. 반면에 암세포와 생식세포는 세포 분열을 하더라도 텔로미어 길이가 줄어들지 않는다고 한다. 텔로머레이스(telomerase)라는 특수효소가 텔로미어가 짧아지지 않게 한다. 텔로머레이스를 정상세포에 주입하면 정지된 텔로미어를 활성화해서 영원히 늙지 않을 수 있지 않을까 하는 연구를 진행 중이다. 암세포도 텔로머레이스를 추출해버리면 죽어버려서 암도 정복되지 않을까 한다.

충분한 수면, 단백질 위주 식사, 블루베리나 브로콜리와 같은 항산화 식품 섭취, 짧은 시간의 고강도 운동을 하는 사람들은 텔로미어 길이가 더디게 줄어든다고 한다. 반대로 과다한 흡연이나 음주, 수면 중 자주 깨거나, 수면 무호흡이 심한 사람들은 텔로미어 길이가 상대적으로 짧다고 한다. 따라서 텔로미어 길이를 분석해보면 세포 분열 가능 횟수와 존속 기간을 알 수 있어, 사람들 생존 기간을 유추할 수 있다고 하는데, 과연 여러분들은 자신의 남은 생명 기간을 알고 싶은가?

11. 누가 아버지고 아들이야?

앞으로는 아버지와 아들을 외모만으로는 구별할 수 없는 시대가 온다. 신분증을 반드시 확인해야만 아버지와 아들이 구분 가능할 것이다. 너무 꿈같은 이야기일까?

지금 3D 바이오 프린트를 이용해서 인공 피부를 만들어내고 있다. 2010년 필자가 미국에 있을 때 TV에서 본 내용이다. 사람이 죽으면 연구용으로 시신을 기증한다. 미국의 경우는 불법 이민자들이 많아서 출신 연고지가 불확실한 사람은 몰래 신체를 분해해서 매매하는 사건이 반영된 적이 있었다. 당시 죽은 사람의 사체가 약 2억 원에 유통되었다고 했다. 그 중에서 가장 비싼 게 피부라고 했다. 나이에 따라 가격 차이가 심해서 피부가 매우 중요한 인간 장기라고 강조했다.

첨단 바이오 기술의 발달로 미래에는 옷을 갈아입듯이 피부를 마음대로 바꿀 수 있다. 따라서 외모만으로는 사람 나이를 구별하지 못하는 시대가 다가온다. 그럼 과연 누가 더 젊어 보일까? 아버지일까 아들일까? 정답은 돈 많은 사람이 더 젊어 보일 것이다. 돈이 많은 사람이 더 좋은 피부를 사용할 수 있다는 의미다.

인공장기 만드는 바이오 기술연구가 활발하게 이루어지고 있다. 인공장기는 줄기세포와 같은 세포를 기반으로 만든 인공장기, 돼지와 같은 동물을 이용해 만든 이종 인공장기, 그리고 전자기기를 활용한 인공장기가 분야별로 나뉘어서 개발되고 있다. 세포 기반 인공장기는 3D 바이오 프린팅 기술을 이용해 세포나 생체재료를 이용해서 필요한 조직이나 장기를 찍어내는 기술이다. 현재 인공 피부와 연골 등을 만들어내고 있다. 동물로부터 이식하기 어려운 뼈와 이빨과 같은 단단한 것도 만들고 있다. 3D 프린터는 환자 맞춤형으로 제작할 수 있으므로 주목을 받고 있다.

이종 기술도 활발히 연구하고 있다. 인간과 동물은 세포나 조직이 달라서 면역 거부가 일어난다. 동물들의 질병이 인간으로 전이될 수 있는 문제를 해결하기 위해 유전자 기술을 활용하고 있다. 동물 수정란에 인간 줄기세포를 집어넣어 인간 장기를 가진 동물을 만드는 것인데, 동물 학대에 대한 윤리적 문제도 예상된다. 앞으로 기술적으로 반은 인간, 반은 동물인 괴물이 만들어질 수 있다.

전자기기로 만든 인공장기는 인공망막, 의족, 인공심장, 인공신장 등에 적용되고 있다. 현재 외부에 배터리를 착용하는 방법으로 외부 기계에 의존하고 있지만, 앞으로는 독립적인 인공장기가 만들어질 것이다. 이렇게 되면 어느 시점에 우리가 필요로 하는 장기를 언제든지 바꿀 수 있어서 영구히 살 수 있는 시대가 오지 않을까?

"여보, 요즘 겨울이 추운데 아버님 댁에 보일러 놓아드려야겠어요"라는 광고가 생각난다. 보일러 광고처럼 약 20~30년이 지나면 "여보, 요즘 우리 아버님이 얼굴색이 안 좋아 보이는데 이번 80세 생일 기념으로 간과 피부를 바꿔드릴까요?"라는 광고도 나오지 않을까?

12. 죽으면 냉동인간 해볼까?

냉동인간이 있을까? 정답은 있다. 그것도 50년 전부터 냉동인간이 존재했다. 1967년 1월 12일 미국 캘리포니아 대학교수가 간암으로 죽으면서 냉동인간이 되었다. 교수가 죽을 당시, 미래에 의학기술이 발전되면 다시 살아날 수 있지 않을까 해서 냉동처리 했는데, 이 냉동인간은 미국 애리조나 알코어 생명연장재단에 보관되어 있다.

현재 기술로는 죽은 사람을 다시 살아나게 할 수 없다. 하지만 미래에는 냉동인간을 다시 살릴 수 있을 것이다. 영국에서는 토끼 뇌를 냉동 후 거의 완벽하게 재생시킨 사례가 있다. 개구리 경우 영하로 급속 냉동시킨 다음 미지근한 물에서 서서히 녹이면 살아난 경우가 있다. 현재 알코어 재단에 약 150여 시신이 영하 196도 질소탱크에 보존되고 있다.

냉동인간은 죽은 직후 약 30분 이내 냉동처리 하는데 16가지 약물처리와 얼지 않도록 하는 데 비용이 약 20만 달러가 든다. 해동의 가장 큰 문제는 뇌 재생이다. 냉동인간 뇌에 저장된 기억이나 정보를 되살릴 수 없다는 것이다. 그래서 대부분 냉동인간은 뇌만 냉동하는데, 뇌를 제외한 신체는 DNA

복제 기술로 인체 장기 정도는 배양할 수 있다.

뇌 복제는 뇌 속의 뉴런 간 연결된 지도를 컴퓨터 등에 저장 후 나중에 복원하는 연구를 시작하고 있다. 이제 초기 단계라 현재 기술로는 언제 개발될지는 알 수 없다. 냉동인간 회생이 불가하다는 연구 결과가 없어서 희망의 끈을 놓지 않고 있다. 냉동인간 보존 기업들은 냉동인간이 회생할 수 있다는 보장을 못 하고 있다. 아마도 미래에 새로운 복제와 해동기술이 개발되면 가능해지리라 생각한다. 여러분들 생각은 어떤가?

여러분들이 약 100년 뒤 죽을 때 즈음해서 냉동인간을 회생시킬 수 있다고 보장하는 기업들이 나오지 않을까? 그렇다면 미래에 얼마나 많은 사람이 영생을 위해 냉동인간이 될까? 만약에 여러분들 중에 죽은 후 냉동인간이 되겠다고 하면 좋은 아이디어를 하나 제공하겠다. 죽기 전에 유망한 주식들을 사놓는 것이다. 그러나 몇백 년 후 깨어났을 때 그중 1~2개라도 엄청나게 올랐다면 미래에 살 수 있는 재원을 확보할 수 있으니 다시 생존할 수 있다. 모든 주식이 망했다면 다시 살아나도 돈이 없으니 다시 죽어야 하지 않을까? 이 모든 것은 여러분들이 선택해야 하는 점이지만 말이다.

에필로그

성균관대 정보통신대학 졸업생 축사 내용을 소개하겠다.

후배 여러분, 졸업을 진심으로 축하드립니다. 여러분이 이 자리에 있기까지 키워주신 부모님과 가르쳐주신 교수님들에게 진심으로 감사를 드리는 자리일 것입니다.

저는 동문회장을 맡은 전자과 79학번 이경주입니다. 이 자리에 있는 후배 여러분들은 국내뿐만 아니라 세계적으로 견주어봐도 전혀 손색이 없는 최고의 자질을 가진 훌륭한 인재들입니다. 그래서 여러분들은 결코 평범하게 살면 안 됩니다.

여러분들이 사회에 진출하게 되면 사회 각 분야의 전문가로서 여러분들이 속한 조직을 이끌고 갈 숙명을 가진 사람들입니다. 그것이 여러분들에게 주어진 미션이며, 여러분들이 짊어져야 할 책무일 것입니다.

요즘 젊은 세대들에게 회자하는 말이 워라밸(work & life balance)이라는 신조어가 있는데, 여러분들에겐 해당하지 않을 것입니다. 여러분들은 사회 각 분야에서 최고의 리더가 될 사람들이기에 젊은 시절을 낭비할 시간이 없습니다.

여러분들이 살면서 닥칠 수많은 경쟁을 피하지 말고, 숙명이라고 생각하고, 경쟁하게 되면 꼭 승리하도록 최선을 다하는 삶을 살아야 합니다.

사회 진출해서 최소한 30년간은 인생의 모든 것을 걸고 자기가 추구하는 목표를 이루어내야 합니다. 그리고 60이나 70이 넘어서 인생의 워라밸을 추구하세요. 120세 초고령화 시대에 살면서 최소한 30년간은 최선을 다하는 삶을 살아야 하지 않을까요? 속된 말로 30년간은 빡세게 삽시다. 약속한다는 의미로 큰 소리로 대답해주세요. 그렇게 살겠다고.

여러분들은 보통 사람들과는 다른 세상을 바꿀 만한 능력과 자질을 갖춘 최고의 인재임을 명심해야 합니다. 아무리 좋은 자질을 가지고 태어났어도, 노력하지 않고 목표와 비전 없이 산다면 여러분들의 미래는 그냥 평범해질 것입니다.

자신들이 가진 재능을 꼭 믿고 최선을 다하는 멋진 인생을 살기를 선배로서 진심으로 당부드립니다. 꿈 많은 학교 생활 마무리와 멋진 새 출발로 후회 없는 삶을 사는 후배들이 되시길 기원합니다. 감사합니다.

본 책의 내용에 대해 의견이나 질문이 있으면
전화 (02)333-3577, 이메일 dodreamedia@naver.com을 이용해주십시오.
의견을 적극 수렴하겠습니다.

4차 산업혁명 시대
상위 1%, 골든타임을 잡아라

제1판 1쇄 | 2020년 3월 25일

지은이 | 이경주
펴낸이 | 한경준
펴낸곳 | 한국경제신문*i*
기획제작 | (주)두드림미디어
책임편집 | 최윤경

주소 | 서울특별시 중구 청파로 463
기획출판팀 | 02-333-3577
영업마케팅팀 | 02-3604-595, 583 FAX | 02-3604-599
E-mail | dodreamedia@naver.com
등록 | 제 2-315(1967. 5. 15)

ISBN 978-89-475-4572-3 (03320)